【当代华语世界时政评论丛书】

私民与公民

Natural Person and Public Citizen

萧楚 著

Xiao Chu

博登书屋·纽约

Bouden House, New York

【当代华语世界时政评论丛书】

学术顾问： 黎安友
主　　编： 荣　伟
副 主 编： 罗慰年

Academic Adviser: Andrew J. Nathan
Chief Editor: David Rong
Deputy Editor: William Luo

Published by Bouden House, New York
ISBN: 979-8-90257-006-6 (Paperback)
　　　979-8-90257-007-3 (eBook)

私民与公民
Natural Person and Public Citizen

萧楚（Xiao Chu）著

出版：博登书屋·纽约（Bouden House·New York）
邮箱：boudenhouse@gmail.com
发行：谷歌图书（电子版）、亚马逊（纸质版）
版次：2021 年 12 月 第一版 第一次印刷
字数：132 千字
定价：$30.00 美元

Copyright © 2021 by Bouden House, www.boudenhouse.com
All rights reserved.
No part of this book may be reproduced in any form or by any electronic or mechanical means including information storage and retrieval systems, without permission in writing from the publisher. The only exception is by a reviewer, who may quote short excerpts in review.

作品内容受国际知识产权公约保护，版权所有，侵权必究

引 子

今日的中国居民，还未能真正成为社会公民，未能作为独立的权利主体，未能拥有宪法赋予的正当权利，仍然是依附性的私民。他们看重私下关系，听从强势者的话语，惧怕暴力威胁，盘算那尽"忠"尽"孝"的得失，在宗法血缘家族，在自我封闭的群体里活着。

身为私民，被中央专制严加管束，屈服顺从，人人自危，缺失信仰，缺乏诚信，缺少敢想敢说的勇气。百代私民，千载官奴，膜拜权力，轻视法律，巴结强者，欺凌弱小，分等论级，自卑自贱，徘徊在低层次，使用着老套路，寄情包青天，期盼万岁爷。他们与先进的制度文明，与追寻自由的精神境界，相隔甚远，在偏执偏见里，阴谋诡计盛行。

众多私民，互不信任，闷头卷入暗箱操作，算计私利，弱肉强食。以私谋私，以私斗私，以私换私，以私养私，以私助私，以私为本。各有其私，各行其私，各算其私，各争其私，各求其私，各保其私。见识短浅，愚昧麻木，拉帮结派，一地鸡毛，妒忌报复，不择手段，腐败蔓延，苟且度日。

在华夏由自成"天下"，变为世界里的中国之后，人们发现了已经普遍存在的公民社会。

与极力压缩个人正当权利的做法，形成鲜明对照，在大多数国家，已普遍实行了宪政民主，约束专制权力，维护每位公民的人格尊严，保障生命权，财产权。法律面前，权利平等，自主自为，言论自由，文明理性，公民熟悉并运用自治行为准则，是"参加司法事务和治权机构的人们"。（亚里士多德）

今日私民，向往着变为公民。

十多年来，在加入"世界贸易组织"后，人们开阔了视野，受到启蒙教育。开始运用市场经济规则，尝试理解天赋人权，契约精神，宗教信仰，希望能够拥有法定权利，建设真正的公民社会。

百年沧桑过后，那强推宏图大业者，借着经济规模的巨大增长，运用高科技手段，加强内部控制，以其巨大体量，企图颠覆普遍通行的文明规则，强行对外扩张自身影响，以为能够自成一体，主导人类命运。

在两千年未见的转型过程里，从某人称帝，到由某权势集团把持的官府，向着由每位公民行使合法权利的社会。

目　录

引　子 I

绪　言　从私民到公民 1

第一篇　私民，是这样炼成的 19

第一章　私民，这一辈子　/ 19

第二章　龙面 Q 心　/ 33

第三章　向内运作的群体　/ 43

第四章　争当奴才　/ 67

第五章　挂在嘴边的"仁"　/ 75

第六章　思想被零碎　/ 87

第二篇　成王败寇，蹂躏私民 96

第七章　"三一"天下　/ 96

第八章　超大规模过度控制　/ 105

第九章　包公大人靠不住　/ 114

第十章　千年长梦　/ 122

第十一章　私民，没有未来　/ 128

第三篇　螺蛳壳里做道场 135

第十二章　儒家三变　/ 135

第十三章　真理与道理　/ 145

第十四章　太极图与十字形　/ 159

第四篇　朝向成为公民的明天 172

第十五章　跳出"民、臣、君"的轨迹　/ 172

第十六章　成为公民的进程　/ 182

第十七章　直面前世今生　/ 190

绪 言　从私民到公民

众多私民，如何经过社会转型的过程，成为公民，这浓缩了汉民族的近现代史。

今天的私民，开始有所醒悟，有了朝向公民社会的期盼，行进在基本的转型过程里。"我们是在成为公民之后，才真正开始变为人的。"（卢梭）

1. 私民的由来

华人脱胎于宗法血缘关系，存活于专制集权之下。在世代传承的巨大惯性里面，那有形的强制，和无形诱导，早已融为一体，强化着约定俗成的人身依附关联。遵从既往惯例，日积月累，按照所在群体里的老规矩，自然而然地，成为了跟从的私民。

观察当今的国际社会，公民有明确的定义。成为本国公民，具有国籍，享有依法参与政治与社会活动的权利，拥有充分的知情权。由各国宪法，界定并限制政府的权力，保障每一位公民，具有公平、公正、公开的法定权利。

就公平而言，每个人生而自由，作为独立的权利主体，平等地参与社会的各项活动，拥有财产权，有法定的选举权，与被选举权。任何组织机构，不能代替某位公民，以血缘关系，或者群体关系，笼统的代表他，削减其法定权利，轻率地决定他的存活状态。

从公正而言，法律规则，对所有的公民一视同仁。通过合法的契约关联，实现权利与责任的平衡。不能以某些领导的指示，来代替法律规则，变通运作手法，取代程序正义，漠视众多公民的自由活动空间，压抑合法的自治自为。不能以凌驾法律之上的权势，强迫各位公民，去做这做那。

必须公开真实的情况，保障公民的言论表达和结社自由。如果垄断信息传播渠道，层层过滤，就会把知情权，当作某些集团的占有物。通过遮人耳目的操作，用片面的宣传，来限制公众眼界，一定会愚弄他人，遗弃诚实和信用。当生活在一个由假话、谎话维系的社会里，谁都是言不由衷，会诚惶诚恐，被蒙蔽了双眼，一再压缩自身权益，不可能持续地获得良性发展。

由此可以看到，"人不是生来就会使用公民权的，他必须学会使用"。（斯宾诺莎）公民独立人格，积极主动，展现活力。私民，缺少人格独立，习惯于消极跟随，或非理性的亢奋，执迷不悟。

无数私民，在被动服从里，生而不平等，被分等论级，一直受到操纵。他们从小接受的那些训导，强化着身份等级观念，不可能成为一个心智健全的人，难以具有独立的意识，相应的基本权利，去自主地生活。

从既往的历程来看，在这片黄土地上，多少私民，曾经活过。他能够想到什么，做些什么，早就受到周边长辈亲友的引导，由置身其间的基本圈子来确定。不言而喻的，就是要急功近利，走个捷径，争取得到今生今世的当官发财，光宗耀祖。那意味着无论办什么事，必须由直接上级来决定。

谁都无法自行选择在哪里出生，你来到九州大地上，一睁开双眼，就成为了私民。踏着前辈走过的轨迹，照搬种种约定俗成，已经先天地附着于既定序列，被安放于那些特定关系里，有了某个被派给的身份。

汉民族是如此讲究宗法家族，维系乡土情谊，推崇多子多福，注重家庭人口繁衍，活动围绕家族与亲朋好友。人们时时面对面的交往，沾亲带故，融入相应的主从关系，成了平日生活的基本内容。

那就必须遵循既定的等级排列，求得出人头地。活着，就是为了光宗耀祖，一荣俱荣。这习俗每时每刻延续着，司空见惯，妙在其中，不断蔓延开来，一再自行复制，系统化了，繁衍生息。

某位私民，被拨一拨，就动一动。他如同一块砖瓦，好像被切割烧制过，堆砌在身边宗法关系里，作为其中的某一个片断，被动地，攀附性地活着。哪一位私民，在等级关系里的实际位置，他的悲欢离合，任由强势者来摆布。他被添加些什么，或降低待遇，极其现实地，成了某种类型的配角。

多少私民，身不由己，按照老套路，忙忙碌碌，求得在群体里安身。那些先入为主的生活习惯，如何处理相互关系，博取周边的认可，一股脑儿地传给了他，明里暗里，都得讲级别，比大小，争做人上人。为能稳妥地在其中占有一席之地，当好被分派给定的角色，所有的人，都会从早忙到晚。他全然活动在封闭状态里，运用亲身经验，应对周旋，哪位能够设想，还有另外的道路可以走呢？

历代私民，以宗法关联为本。具体到某位成功人士，必须臣忠于君，子孝顺父，能够尽"忠"、尽"孝"。他按部就班，萧规曹随，行走于那"格物、致知、诚意、正心、修身、齐家、治国、平天下"的阶梯。

通行的宗法血缘伦理，被直接放大应用于君臣等级，家国同构。囿于既有的眼界与心胸，作为私民，只晓得官大一级压死人。在乞求存活的氛围里，无论高端或低端人群，一味盲从盲信，苟且偷生，没有个人尊严，亦无权益保障。

由此而来，上对下，拥有无限的管制权力，却并不承担相应的责任，肆意妄为。下级必须迎合上级，被强迫负担所有的义务和指责，唯唯诺诺，没完没了。双方都活得病态，时常变态与失态，对上迎奉，对下欺压，恃强凌弱。

那些极端倾向，群体性亢奋，反复交替，带来沉重的压抑，老是习惯性地进一步，退两步。正像俗话说的，谁让你不幸生在这里？炎黄子孙，权衡利弊，但求活着，似乎生来就命该如此。

只能这样办，照旧混下去！循规蹈矩，对号入座，沿着原先的路子走下去，不然就没法活了！

2. 在封闭群体里

从出生之日起，某一位私民，就仿佛被点住了穴位，感受血缘家族里无微不至的联结，被牢牢锁定。处在既有的交往之中，身不由己，延续着种种私下的利害得失，周旋于那些琐碎的事务，很难理清头绪，另起炉灶，有重新开始的可能。参与者生来如此，局限于眼见为实，使着小聪明，占些小便宜，如鱼得水，顺水推舟，全部精力，都用于维持既有的交往，守护相互间的关系。

对身边群体里发生的事情，某一位私民，依据世俗观念，可以做那"道德"上的议论，却往往不在乎事实本身。他无暇顾及那些与世俗不同的说法，再去找寻其他的出路。

当他置身在某个家族群体，或处于仿照此而组成的各种利益群体里，会完全以实用主义的办法，来规范言行举止。对任何事物，他都保持着过滤性的眼光，不太可能再有独立的想法，对既成的事情说三道四，发表什么不同见解。在那些个群体里，早就有人替他做出了种种决定。

作为私民，只能隶属于被划定了的群体。那些颁布下来的告示与法令，或刑罚条文，都会用来管束众多私民。使之天天被驱使，处处需谨慎，遇到什么为难的事，就得请客送礼，联络打点，走通门路，将计就计，花钱消灾，身不由己，从来如此，当下如此，一直如此。

朝起朝落，神州大地，由一统天下的皇上，或者领袖管辖。同时加上各层官员们分级实施，时刻约束私民，安排其生存条件。非经允许，百姓们不想，不说，不动，不作。结果是，众多私民，贪图小便宜，泯灭了天真，消磨着自信，难有积极振作，若是谁言行不慎，招惹了官府，无疑自找苦吃。

皇上口称天人合一，朝廷权势无边无际，奉天承运，就是代表着"天"，公然行其私。

官员们狐假虎威，仗势欺人，直接与朝廷权臣，有私底下的密切关系，借势谋私，冠冕堂皇。

众多无足轻重的私民，谨小慎微，患得患失，墨守成规，窝在身边群体里面，消磨此生。

作为私民，尽其所能，竭力修护着在本群体私下里的关联。如同玩扑克牌接龙游戏那样，按顺序排在黑龙或红龙里面。相互间的差别，就在于具体属于哪条龙？又处于龙身上的哪个部位？有时可能借助强势者，去谋私营私，坐享其成，更多的可能是，啥都算不上。

多少私民，深感能存活于世间，已属万幸，必须依赖某些大人物，或靠委曲求全，换回来一些恩赐。深一层看，即便作了某一级的主子，去欺负更弱者，一面去管着下属，另一面也还是被更上一级管束，欺上瞒下，用那万般心思，扮演被派定了的角色。对上对下，一身兼两任，必须应付得当，自身具有的依附性，会更加彻底，更加深陷其间。

在那无微不至的群体生活里，各位私民，年纪渐长，从被动服从，到心领神会，如鱼得水，再到能非常贴切地处理繁琐的周边关系。

某位私民，花一辈子精力，学会了逢场作戏，几副脸孔，虚虚实实，口是心非，投其所好，混过算数。扪心自问，真实情况并不重要，而怎么说的好听，做能有利，却是关键。看起来包含"善意"的多少谎话，已是出口成章，信手拈来，非说不可，既可怜，又可悲。

在家族邻里，从小听从长辈的话，好像亏欠了父母的。等自己做了长辈，又要对下一代指手划脚，非得驯服他们不可。已经给其吃穿住用了，日子过得去啦，还想咋地？翅膀硬了，想另外走一条路，几乎没有可能！

在赖以安身立命的单位里，以上级的喜好，作为办事准绳，拉关系，走后门，钱权交易，裙带关系。在那些具体联系里面，要么说话算数，凌驾于他人之上，他人忍着；要么啥都算不上，墙倒众人推，处于弱势一方，老是被欺负。

上级表面有多少光鲜亮丽，下属实在就有几多任人宰割的无奈，受到蒙骗威吓，愈发可怜无助，隐忍与自卑并存，那心中解不开的疙瘩，会越发纠结。

对待关于"面子"的事宜，有各式各样的应酬与权衡。在单位里，三两分做事，七八分"做"人，老实巴交者，被当作了傻帽。如果能够把相互之间的事宜，都照料得当，某位私民，已经疲惫不堪啦！那可以从幼年折腾到老迈，耗尽所有精力，勉强维持，却难以脱出身来想一想：这样做究竟值不值？该不该这样办？

作为私民，在封闭群体里面，必定要分出地位高低。强势者把持了分配权，往往多吃多占，暗中使劲，说的比唱的还要好听，逐渐成为了本群体的"大哥大"。而那些弱势者，竭尽全力，按级服从，在琐碎的"一地鸡毛"境遇里，获得些许的赏赐与提携，得到被允许存活的位置。并以此为规矩，衡量周围的人，稍有不同，就被视为另类。

在群体交往里，关系错综复杂，每个人辈份不同，都有具体和特定的称谓。尤其重视曾得到过的职位和头衔，成为他"荣耀"今生的本钱。每个人在被挤压，被变形，被限定的宿命里，其间充斥着太多的尊卑、虚实、得失、轻重、利害。置身于各种算计之中，得花许多气力，弄清楚其间无比细微的种种差别，千万别出差错，实际操作里，有着数不尽的世态炎凉。

办任何事情，都会因人因地而异，可以大事化小，也可以因小失大。这些都由群体里的强势者说了算，只求能摆平，可变通，稳住相互间关系，把持得住。

3. 传统里的私民

身为私民，费心琢磨的事情大同小异：如何用投机取巧的手段，求得在当下的生活圈子里,维持已有的那些名分,得到相应的实惠。各位参与者,只能遇事妥协,满足于在场面上,能够应付过去。

无数私民,在实际生活里,遵循既定的惯例,身处狭窄的圈子,奉行长辈的教诲,面对世俗的嫉妒,形成萎缩的心灵,扭曲的性格。纠缠于日常琐事,不再有超越眼前的想法,不会产生坚定的信念。当事者都在挖空心思,计较相互间的得失,钻进了牛角尖,别无其他出路。

从小打心眼里羡慕官员,坐享其成又风光,长大成人后,都在力图经营好既定的场面,能走入或靠近仕途,努力成为凤尾鸡头。众多私民,为求得富贵,绞尽脑汁,能把好处弄到自家碗里,就洋洋得意,对升官与赚钱以外的事情,对付而已。使得自己的生活,完全成为了某一级别,某类身份的附属物。

在漫漫岁月里,在各种场合里,官员们看起来,是那样的光鲜亮丽,在伦理道德的说教下面,太在乎那立马能捞到手的点滴恩惠。嘴里说着一套,行动做起来另有一套,背后又在嫉妒,孕育了随处可见的品头论足,弄虚作假,嘲讽诚实守信,老是在算计他人。为了换取权势者能给些施舍,下属们恭奉所有,甚至贡献上自己的妻子女儿,供大人物娱乐享用。

置身于这种传统里,连日月星辰,身边花鸟虫鱼的变化,统统被当作命运兴衰的预兆,被很牵强的凑合在一起,或昭示某人能否攀龙附凤,官运亨通。一些人钻研自然知识,发展个人爱好,能工巧匠,全然被视为雕虫伎俩,可有可无,不值一提。你可能是专精技艺,才学了得,辛苦经商;我做了官,不必勤于劳作,只要运作手段高明,就能够管你制你,把玩于股掌之间。

为了靠拢实际的权力等级,获取眼前利益,或者仅仅是避免惹是生非,得到某些安逸,就得入乡随俗,处处疏通关节,拉关系走门路,弥漫着的多是阿谀奉承,是颂扬太平盛世的诗、词、曲、剧,陪伴着搓搓麻将,当闲侃相公,百无聊赖的吃喝玩耍,消耗着相关诸位的毕生精力。

那些号称是知书达理之士，本应具有些见识，却经由一次接着一次，十分严酷的文字狱，被敲酥了脊梁骨，被造就成以写字为营生的私民。他们一味附和随大流，完全被深厚沉稳的群体关系淹没了，老是被操纵，被修理。

历代"学而优则仕"的得益者们，绝不敢去触犯居高位者的利益，多是泛泛地讲些空话，讨个乖巧。由此，热衷于话里有话，玩弄文字游戏，拼凑出一大堆言之无物的空头文章，却没有其他志向和兴趣。

为挤进官宦仕途，能够被选拔出来的读书人，都先被反复清洗过大脑，除去了棱角，变为了精神侏儒，然后，才有实际的可能，慢慢地爬上去，钻营那一个个既得利益的圈子。

抱着欺软怕硬的心理，历代的文人们，早已瘫软下来了，就为了能好歹换回一碗红豆汤。为应付那笑里藏刀的潜规则，暗箱操作里的逆向淘汰，见权腿软，见钱眼开，精于算计，玩弄手段者，大显身手。

置身此情此景，那些暗里使劲的扭曲运作，使所有相关者，耗尽了心机，一门关尽，窝里相斗，纷争不已。

那些独善其身者，往往无可奈何，尽量沉默少语，表面上与世无争，在刻意低调中，显示本来有的善良。就像那魏晋年代的竹林七贤，借酒消愁，在嬉笑怪异中，流露出些朴实率真的本性。

面对铺天盖地，已成定势的传统，对绝大多数跟随者来说，只能服服帖帖。他们附和官方的说教，不求甚解，碰见什么难事，乞求官员开恩，按部就班，抚慰情绪，勉强对付活下去。谁都要看着大人物的脸色行事，到头来都在为他人做着嫁衣裳。具体到某位私民，他费尽心力，经营几十年，过五关斩六将，好歹把上下左右的关系，都打理顺了，时过境迁，又会换上另外一批人，继续来演戏。

在封闭内陆农耕年代，那些既定传统，有相当的凝聚力，它浑然一体，完整地构造了众人"活着"的方式。某一位私民，在那短暂有限的几十年里，全都跟随着，叫干啥就干啥，真的来不及弄明白，为什么只能这样活着，也无暇思索那些超越眼前实惠的想法，当下得失，几乎就等同了全部。

正因为身在其间，面对漫无边际，都有着相同处境的私民，绝少能够去理解另外的世界，难以沟通那些无直接关联的人群，对眼前得失以外的事情，常常充耳不闻，视而不见。

能使众多私民，全力以赴的，还是当下可以弄到手的头衔名份，计较着恩怨得失，纠缠其中的点点滴滴，往往关起门来守着，管着。那沉甸甸的心理负担，画蛇添足般的处世技巧，被当作了立身之本。

4. 私民和社会

在日常生活里，作为私民，某人的活动范围受到限制，不可能自行其是。为了能够被直接上级的关照，多少得些好处，他必须竭尽全力，表现出感激之情。一旦未能被上级关照，离开了某个职位，他将举步维艰，转眼间无足轻重，全没了往昔的荣光。

私民间的种种联系，局促又狭隘，统治集团对众多草民，碾压无度。每一位私民，他的实际利益，已经被其所在群体笼统地代表着，被强势者霸占使用；而那些无限度的义务，沉重而繁琐，却必须无条件地承担起来。生存的底线，老是被压缩，被漠视，挤占漫无止境，忍受迟早会到达极限。

由此而来的彼此扼制，相互提防，整人利己，比比皆是的投靠依附，过河拆桥，使那曾经辉煌的古老文明之光，暗淡下来了，只能习惯性地将就着，沉淀延续，香火传承。

历代君临天下者，毫无例外，实施着愚民、疲民、贫民、弱民、辱民，这一系列配套的大政方针。

愚昧与贫穷，极大地限定了众人的生存空间，越是穷困，越是忙碌终生，苦苦挣扎。稍微看到一点点好处，众多私民，便会群起而争夺，互不相让，为了眼前点滴得失，怒从心头起，恶向胆边生。越是贫富不均，官府就越加蛮横无理，恩威并用，层层盘剥，全面控制。

在朝廷看来，上智下愚，百姓也就是些附属物品，决不允许他们有自己的想法。平日里当权者一声号令，叫干啥就得做啥。打着堂而皇之的旗号，用依从程度来判断优劣，武官不如文官，文官不如宦官，越没品格，越是听从使唤，翻不起什么风浪。如此任人唯亲，放手重用少爷、姑爷、师爷，上下其手，一呼百应，利益均沾。

身在这样的处境，那阳一套表面做秀，阴一套捞取实惠的双重性格，使委身其中者，习惯了虚情假意，彻底消除了屈辱感，凑合活着吧。在看似万花筒般的热闹变幻里，悄然无声地泯灭了仅存的良知，形成表里不一，弄虚作假，遇事蒙混的氛围。不少私民，惯于在自家窝里横，口里说着道德化的言词，不过是虚晃一枪的遮羞布。

作为私民，只知去服从更高的权势，办任何稍微大点的事，都要由上一级掌权者来做出肯定，或私下里认可。每一次顶头上司的变更，都有可能等来更加为非作歹者。在那无言的结局里，胜者也是暂时的，管管就死，放放又乱，周而复始。

每一位皇上，每一位领袖，热衷于一言九鼎，群情激奋，山呼万岁，每一代都奉行以吏为师。其后果，使所有的私民，都围绕当下的次序，暂时能排列妥当，多少抵御些天灾人祸，大家心照不宣，庸常忙碌，有事可做，有归属感。

如此社会联系，充斥于全部活动空间，扎根于生活的方方面面。从小就被安置在这样的天罗地网中间，某位私民，光凭一己之力，太过渺小了，他也不可能真正意识到，还能有其它什么活法。

若谁还有什么疑问，就会被反复开导说，从出生到终老，都被上级管着，又有啥不妥呢？

由此一来，多少私民，自我麻痹，尽心尽意，做着笼民，活在重重叠叠的精神束缚里，作为聋民，听不得任何不同的见解。

跟随着那日积月累的群体关系，亦步亦趋，不会吃亏，多少能分点好处。为了"爬上去"而不择手段，昧着良心，抱着"天知、地知、你知、我知"的侥幸心理。参与其间者，其万般心思，总是在揣摩上级的想法，明里暗里，争着被赏识、被重用、被偏宠，表现为完全的服从，没啥自己的意见。若真要表达什么见解，说些实话，冒犯了顶头上司，那可就捅了马蜂窝，吃不了兜着走啦！

此种社会氛围，关注向内演绎，无微不至，繁衍了说不清道不明的恩怨情仇，形成着"剪不断理还乱"的私下约定，暗地里串联。皇族、官宦、乡绅与百姓……所有的具体关联，都因人而异，因地制宜，手工操作，在私底下，悄悄进行交易。既便是那些治世之能臣，侠义的江湖人士，换上再有能耐的一批人群，依旧还是私民，依然在循私舞弊，拉帮结派，所处地位变了，也就会去穿新鞋，走老路，过足瘾。

身为私民，早就习惯了内外有别，当其他人的面有一套说辞，转身对自己人又另有一套，全无诚信可言。离开了私下里的种种关联，就会无话可说，无事可做，无计可施。多少私民，以私为荣，乐在其中，根本无法想象，这世间还需要遵循普遍公理，还真有讲究规则的生活方式。那些个私民，都在等待被关照，等着特殊的提携，一对一的恩恩怨怨，手把手的管教，盲从盲信。

忆往昔，虽然不乏"几百年又出一个"的闪光人物，然大治"天下"又如何？那不过是当朝大人物的自鸣得意，感觉非凡，其余的人，还都在糊里糊涂跟着走。

历代统治者，痴迷于"治人"的权势，恩威并用，使得私民，惯于人云亦云，战战兢兢。九州之大，早早就被做成了巨型的网笼，造就了隐形的枷锁。身在其中，坐井观天，沉醉于"真龙天子"的光环，蜷伏在盘根错节的应对里面，完全消除了自治能力，失去了自行去组织的可能。

多少国外来的重大影响，被反复过滤，移花接木，换汤不换药，老想着师夷之长技以制夷，巧取豪夺，重复于列祖列宗的套路。

代代相传的私民，就在这样的社会活动里，盲然地跟着走。消磨蹉跎岁月，根除了自身可能具有的主动性，永远身处社会食物链的某个层次，勉强混一口饭吃。他们在原地踏着脚步，满足于将就活着，得过且过，完全看不到其它可能，去寻找新的出路。

作为但求活下去的私民，遇到社会矛盾激化，逼迫无限加深，民不聊生,实在没法活了,某些人就会揭竿而起。仿照早先的套路,"造反有理",动乱不已。如果能够得势,就会照样画葫芦,形成为某种权势集团,另立朝廷,踏入再一轮的循环。

客观地看待历史,在长期的封闭环境里,缺乏任何制度约束,放任官吏无节制地敲骨吸髓,使得亿万私民,生活日趋艰难。朝廷又在好大喜功,竭泽而渔,耗尽国力,造成了全社会的慢慢腐败,所有参与的人群,道德沦丧,离心离德。大势至此,稍有风吹草动,天灾人祸,接踵而至,最终急速溃败,导致发生"推倒重来"的毁灭过程。

众多无信仰、无诚信、无平等交往的私民,在"成王败寇"的扭曲过程里全无底线,胆大妄为者,采取最为极端的手段,最为残暴的行为,往往获得了最大的成功,这就构成了自我毁灭型的社会过程。

那些相互提防,暗地里算计的私民,内心积累仇恨,聚集着各式各样的矛盾,找不到合理的解决途径,找不到正常的宣泄渠道。每个朝代,迟早会走到自取灭亡的关口,原有诸多过分压抑的联结,瞬间断裂,引发一系列的暴戾事件,天下大乱,相互残杀,谁都躲不过去,造成相当时期深重的灾难。

这种极端趋向,自我毁灭的社会运作,会席卷所有封闭群体,给受其影响的人群,带来重重灾难。就像传染力极强的巨大瘟疫,悄悄地植入被影响人群的基因,一定沾染上众多私民,再三复制,步入自我毁灭。其实,从按部就班,好大喜功,积重难返,到星火燎原,暴风骤雨,摧枯拉朽,往往就在不经意之中。

由此而来的必然结果,就是哪一个朝代,冤冤相报何时了,都没能走出自我毁灭的老路,延续着原有的循环历程。

5. 呼唤公民

沿着大一统的路子走,固有的传统一脉相承。以无限量的人力物力资源，维持着自成一体的"天下"，在天朝大国里，再三上演那成熟过度的老戏文。

旁观者清，外来的西方人士，记录了这热闹情景。在公元1298年的威尼斯，商人马可·波罗先生出版游记，叙述自己在元朝25年间的游历见闻，列举亲眼看到的各种情景，惊叹当时神州都市，乃尘世天堂，繁荣昌盛，无以伦比，富足的状况，远超同时代的欧洲。

然而，专制朝廷盛极而衰，大一统时强时弱，内忧外患，慢慢衰朽，逐渐地被掏空。竭力维持的全方位控制，使这块土地上，若只靠自身的循环演进，难以再出现真正的变更。

维持了268年的满清王朝，为统治人口众多的汉族，唯恐民间造反，系统化地阉割人性，泯灭精神追求。朝廷极力收缴焚毁民间藏书，修订《四库全书》，整肃改编文化传承。对于西方流传进来的精美钟表，各类产品，天文地理知识，当作了皇上消闲解闷的玩意。继续实行海禁，拒绝正常通航通商，堵塞了一切产生变革的可能。

到了1840年，在那一个庚子年间，从遥远海外开过来的英国炮舰，轻而易举地攻占了香港、虎门、厦门、舟山、镇江，直逼南京。朝廷从一味强硬，到惊慌失措，再到屈辱求和，被迫签订了一系列条约。欧美国家的影响，强势进入九州大地，带来了机械工厂，军舰火车，应用技术。

与此同时，西方文明涌进来了，传播势不可挡，令人耳目一新，带来了关于基督教信仰，关于公民，关于法治社会的理念和行为模式，那是完全不同的发展格局。如此汹涌澎湃的外来冲击，洗刷着那无济于事的内部修补，造成传统王朝的整体塌陷。

透过令人眼花缭乱的强烈对比，经历十分痛苦的世纪磨合，在今天强国富民过程中，应该怎样更新生活状态，普及公民常识，推进理念更新，使每个人能成长为独立的权益主体？变成为真正的社会公民？

现代公民社会，是以宪法规定政府的权限，保护每一位公民的平等权利，信仰自由，拥有言论、结社与行动自由。公民不可以简单的由他人代表，不再被某些权威所恐吓，不会局限在宗法关系，或某个狭隘的圈子里。使每一位公民，能够充分发挥聪明才智，发挥自治能力，做各自有利益有兴趣的事。

建立在法治基础上，有效的监督机制，促成公民社会的良性发展，推动科学技术的蓬勃创新。成熟的市场经济，就是独立公民权益的充分体现，在各个独立权益主体之间，合法地进行交流交易，公民运用法定权力，具有相应责任。作为创造发明的主体，当每个人真正成为了公民，享有法定的各项权益，就会放下包袱，奇思妙想，想做就做，付诸实验，不断尝试，终成正果。去创造出蒸汽机、电灯、电话、电视、航天器、计算机、互联网、好莱坞电影、迪斯尼乐园……无论哪一件，都先是某个发明者的奇异设想，某些先行者打破常规，创造出新的需求，由产品到商品，再变为畅销品，有益于应用与推广。

那里有了垄断，那儿就会停滞不前，而有了合法的财产权，有了市场化的竞争，鼓励各位公民去尝试，探索不同道路，就能开辟出新的境界。

每位公民，直接参与全球范围技术和文化的交往，彼此激励，相得益彰，正在不断的塑造和改变现状。各种创意，只能直接发源于某一个人，来自于心身独立，自由发挥的活跃公民。与公开、公平、公正的社会规则紧密联系，为保障国际间商业贸易运作，有一系列惯例与条例。前提正是公民自主创业，机会平等开放，企业间公开竞争，外来资本，亦享有国民待遇，对各类市场活动主体，依法保护，机会均等。

市场机制的运行，正在重新塑造生活的各个层面，有竞争也有某些震荡，亦有欢欣、痛苦与彷徨的时候。现代文明所到之处，各国内在的活力涌现出来，发展速度加快。

从凡事跟随的私民，在身心俱疲的圈子里攀附，转变到成为独立自主的公民，需要建立健全法制体系。

我们正在经历根本性的社会转型。

在此转折的时代，需要每个人经过自我肯定，努力转变。挣脱出那病态的，相互钳制的私民间关系，从原先的封闭群体里，自觉地走出来。要成为独立的权利主体，积极地扩展精神需求，自由言论，自主行动，谋求发展。

看似简单清楚的事情，做起来却相当艰难。为何在一次次社会矛盾爆发之际，那些权势集团，还是在掩饰制度性的病症，延缓改革，变着法儿，使原有传统延续下去？

根本性的转变需要目标明确，也需要那循序渐进的过程。

欲速而不达，彷徨的节拍，天朝的大陆，沉重的整体。

辛亥革命以来，华人历经了各式各样的运动。推动社会进步的关键点，始终在于如何建立真正的法治体系，促使公民意识健康成长，培育独立思考的能力，各人能够自主地充分表达。

经历循序渐进的发展阶段，才有可能真正解放每个人的身心，培育法治体系，维护各自权益，履行自身责任，真正向公民社会转型。

改革开放的进步，今天还是更多表现于经济发展。不管白猫还是黑猫，捉住老鼠就是好猫。随之而来的部分信息公开化，舆论渠道多样化，开启了全新的视野。年青一代厌烦了原有的说教，也不再会凭空相信什么"一贯正确"，他们的眼界开阔些，不再一味跟随某某权威，思维方法亦在更新，以保持与众不同的个性为荣，十分关注合法的财产权、知情权、选择权、参与权。他们希望自行努力，通过独立思考，能够活得更符合自己的意愿，使真实能力有充分的展现。

在走向未来的实践中，我们是延续熟悉的老把戏，仍旧充当私民，还是自觉自为，各负其责，真正成长为权益主体，成为社会公民？这是两股道上跑的车，具有完全不同的发展前景。

东方的近邻日本，自唐代通航，开始学习我国，保留着相当多原先儒家文化的色彩。从1853年以来，几经起落，扬长避短，弃暗投明，大力引进西方文化，制度文明，使国民素质发生了根本性的变化。成为了亚洲的公民社会典范，全球名列前茅的文明发达国度。

今日台湾，依然是完全的华人社会。其经济腾飞，公民社会的建立健全,和平发展,几十年的过程,令世界刮目相看。华人的智慧,一旦真正用对了地方,建设现代文明体制,什么人间奇迹,都可以创造出来。

值此梦醒时分,我们不能再关起门来,维系巨大惯性,维护那花样百出的等级差别,用虚幻的口号蒙骗众人,继续俯首帖耳,糊涂一辈子了。

多少年了,无数私民,自我陶醉。时不时地模仿那往昔的情景,耗费巨大人力资源,继续那沉甸甸的分等论级,君臣关系,制造出新的偶像来膜拜。以完全的实用主义,与其他国家、其他民族交往。讲一套做一套,签订了诸多国际间的协议,却只是使用能得到现实利益的条款。破坏原先约定的正常程序,对于各种国际惯例,只采用当下能带来利益的部分,不择手段,为我所用。在短时期内,获得了巨大的利益,也被其他国家提防、警惕或抵制,很难长期稳定合作,遇到了发展中的瓶颈。

我们需要走出先前的老套路,要以大的抉择,生的勇气,从容稳健,踏踏实实地,屹立于世界民族之林。

面对日益多元化的世界潮流,基本出发点一定是:宪政法治,主权在民,言论自由,自主自治,机会平等。对待现代文明,如果停留于采用一些言辞,热衷于装点一下门面,仍然耍耍小聪明,阳奉阴违,我们是走不了多远的。

今日中国,伴随经济、科技和社会的进步,我们正在奋力挣脱陈腐的处世套路,渴望成就现代人生。通过思想启蒙,健全身心,丰富内涵,开拓进取,走出万人一面,千古一脉的既定道路,努力丰富自己的人生,开启着中华民族的源头活水。

你和我,必须转变为自觉的公民。要思想独立,行动果敢,勇于思索,敢于担当,在阵痛和欢欣中,有梦想,有追寻,有行动,有成功和未来。有志者事竟成,去承担历史赋予的责任,走出自己的新路。

世代众生认命,不知不觉千年。

公民意识渐增，努力梦想成真。

从私民，走上成为公民的通道，从被动跟随混日子，到启发每个人，真实诚信，尊重宪政法制，这是自觉理性的抉择，是深刻的社会转型。

我们要以主人翁的心态，参与社会转型。要对自己生命负起责任，自主自立，自觉自由，自信自尊，自律自强，敞开心扉，理性热情，充满希望，争取公民权益，经历那独特与完整的生命过程，努力创建公民社会。

第一篇　私民，是这样炼成的

降生于九州大地，并不是个人的选择；成为私民，是实际生活塑造的必然结果。处在相同的生活环境里，就会产生大致相仿的思绪表达，行为举止，在群体里面的处事方式。

进入 21 世纪，众多私民，生活状态正在发生实质性的变化。每一个群体成员，正在频繁地参与各类社会活动，都在超出原先的狭小圈子，参与社会转型过程。由此基本的事实出发，我们才能够清醒认识，把握住自身的命运。

第一章　私民，这一辈子

过往的每一代私民，都存活在宗法血缘关系里，服从着中央专制统治。自然而然，不知不觉地经历了自己的少年、青年、成年，直至衰老。在世代衍生中，个人如此，家族如此，群体如此，了无新意。

1. 落地生根

当你诞生在黄土地，一睁眼就置身于既定的家族里，全盘接受着成熟而繁杂的传统。你仅仅是家族群里的一个成员，作为一个小小的点，微不足道的点，感知有限，身不由己。

无论往哪一边看过去，某人可以靠拢依赖的，落到实处的，只有身边特定的联系，存活在家庭、家族、亲朋、单位这样的既定群体里。

从幼年起，一个人要顺利地开始自己的生活，必须服从听话，随机应变，投机取巧，想方设法，才能走个捷径，盘据某个有利的位置，这似乎是不言而喻的遗传密码。

面对实际变化，群体的内部联系，规定着参与者的具体行为，如何尽力去应付各种事务。身为私民，总是被定型，被驱使，被周边群体牵引着。

为适应这些既定的上下联结，某个成员的努力配合程度，决定了他一辈子所能得到的待遇。如鱼得水者，锦绣前程等着他；经历坎坷的，命运的航船就会走走停停，前程若明若暗，徘徊不前。

每个私民，从降生起，时时都生养在自我封闭的圈子里面，演绎着私下里的依附关系。

由此，具体跟随着上一级强势者，依靠他，来替自己拿主意。笼罩在那种特定的保护网里面，多少私民，循规蹈矩，完全作为部属，或者子民，当着听从指示的一员。

在既定的传统里，某人不可能独立存活，不能够自由自主，不可能是完整的一个人。他作为群体成员，无论处于哪个位置，仅仅是一个部分，在扮演着某一种被分派来的角色。作为一位跟班，吃准上下有别的特定关系，尽力忙于当下事务，求得自保，得些便宜，乃是基本的处世之道。

生活在某一家庭家族里面，参加特定的群体活动，参与结成各式各样的关系。每一次因人而异，对人不对事的关系调整，使那个弱小的生命，感受到要维系好既定关系，有着绝对的重要性。

每个群体成员，由长辈或上级安排着，期待自己的地位逐步有所爬升，螳螂捕蝉，黄雀在后，攀比计较，孜孜以求，寸利必得。

无论如何，总得活下去吧。如何应对得当？谁都说不尽道不完。各位私民，就得沉浮于利害得失，周旋于亲友之间，维持那些个联结，以至于形影不离，到哪里都是以此为归宿，忙碌终生。

2. 少年时

打有记忆那一刻起，孩子们就听着种种传说，反复看到各类宫廷戏剧。帝王将相们清道、起驾、肃静、跪安、退堂、侍臣嫔妃，群雄争霸，你方唱罢我登场。学校课本上的历史故事，闲暇时长辈们摆起龙门阵，津津乐道，朝起朝落，种种典故。

从幼年始，学会了如何看懂大人们的脸色。为取得点滴实惠，对种种道理，囫囵吞枣，颠来倒去，拔苗助长，关注实用，触类旁通，完全沉浸于追寻眼前利益，力求多少能得到些好处。

各位私民，从小背诵圣贤的话语，来面对和述说大千世界。万事万物都是从浑屯中来，话说自从盘古开天地，阴阳互补。应用到实际生活中间，按既定的说法解释一切，心智早早定型，木已成舟。已然缺乏好奇心，去遇事提出疑问，去形成自己的想法。剩下的，就是为了实用，能尽快运用的那些标准答案。遇到什么事情，照搬照套，管用就行，拔苗助长，似懂非懂，听话听音，一锤定音，就为得到师长们的认可。

每一种承上启下，得些便宜，在脑海里留下深深的印记，融化在少年的血液里。从小背诵着三字经，看二十四孝图……接受忠孝观念，跪拜师长，从进入小学，就被鼓励着向上爬情结，背后说长道短，争取当个班干部。早早预习如何做"人上人"，将使他受用终生，无暇顾及多种多样的可能性，或再去认真想一下，自己还有什么其他的选择。

有志不在年高。年少不努力，老大徒伤悲。

多么熟悉的成语啊！

少年因此而一锤定音，也就不再有天真浪漫。

失去了向往自由的天性，排除了其他的多种可塑性，可能性，究竟可喜，还是可惜？

稚嫩的心灵，被模式化，被铸造为少年老成。

小小年纪，头脑里就充斥了既成的标准答案，套上了种种观念的枷锁，消除了自己再去思索一番的可能，也就清除了具有创造性的前提。

少年早熟的私民，在内心深处，老想着得到些照顾方便，走个捷径，弯道超车。他想象在直接关联里，能占着上风，使唤他人，显示出高人一等，由此坠入了迷宫。哪一位想要与众不同，做一个有独立见解的人，洁身自好，似乎是不知轻重，自寻烦恼，画蛇添足。

在为人处世里，照搬被灌输的说法，仰慕那些升官发财者，自行切断了从客观实际出发，独立思索事物的可能性，那正是无数少年可怜、可怕、可惜了的境遇。

年少私民，凡事学样，很难自己去开动大脑。不言而喻的是，长辈与上级的想法说法，总是对的。如果有啥不太一致的想法或者说法，肯定是自身出了什么偏差，可能会离心离德啦，赶快回头是岸吧！

为何所有的聪明才华，只能用于维持已有局面？压根不会对此有所疑惑，对探索未知的事物，缺乏兴趣。那些随机应变的噱头和小聪明，被一再应用，似乎大人物怎么说都对，凡事能够应付过去就蛮不错啦！对遇到的人和事，他还能够怎么办呢。

相当多的少年，从小只会竭力去跟从，力求做一个听话的乖孩子，凡事长辈说了算。没有了那种"打破沙锅问到底"的好奇心，不再能够提出什么疑问，以为那不能带来某些实惠，解决身边困难，还是跟着传下来的说法，当个随遇而安的顺民吧！

3. 青年郎

到了完成学业，开始从事某项职业的时候，某位私民，多已排除了形成鲜明个性，具有独立思考能力的可能。遇事按照受到的教诲，按确定的行为规矩去办，浸泡于被控制的具体关系之中。他至多在如何处置身边事务的层面上，出自本能的需要，就事论事，为了回避风险，逢凶化吉，或投机取巧，反复地加以琢磨。

作为青年私民，讲究顺理成章地尽其本分，凡事紧跟着直接上级。当他走上既定的路径，令行禁止，不容置疑，即使有所犹豫，有些不同的念头，不过偶一为之，稍纵即逝。

经父辈们的言传身教，年轻一代明白了，为了维持眼前的关系，要经过多少努力，多少通融，多少挣扎，才能在某些特殊关联里，得到些照顾，得到提携，得到任用。上面有人管，下面做跟班，日子很忙碌，挺充实，尽量混。其间有些人会慢慢变得十分重要，大多数人会变得无足轻重，议论那些得失起伏，感慨万千，时时都牵挂在心。

我们从生存的实际情况出发，能看到某个年轻人是如何得到关照，如何被彻底操控了。

生存需要。一个人为维持生存，需要有基本的衣食住行条件，要在被分配到食物的情况下，才能免于饥饿。那些基本的生活条件，只能在得到许可的情况下，由哪一些人物出面，来发放给众人。如果不太听话，没了能够挂靠的单位，没了发工资的地方，想要得到基本的温饱，都会十分困难。

安全需要。处在既定的群体里面，才能够有基本的安全保障。如果哪位不太听招呼，被视为异类，会被列入另册，不时招人怀疑，被周围人们有意无意的歧视或监视，这一辈子会活得相当艰难，还会连累家人子女。那些年轻而有些不同想法的人，后来也会放弃自己的见解，还是跟着大伙一块混着吧，不必操什么心，又能保全下来。

归属需要。如何加固身边的实际联系，至为关键。从小被训导的私民，习惯于依赖长辈，到了更大一些的活动范围，重要的事情，仍是比较本单位的级别高低。某人在其中的具体位置，已经被确定了，置身于其间，侍奉上级，管教下级。你总得属于某一具体关系吧，在分等论级的现实里面，有各式各样的依附性，保证你拥有归属感，不至于孤家寡人，烦闷发慌。

尊重需要。置身于从上到下的排列，私民有最为挑剔的充门面心态，对功名、利禄、职位，相当之讲究，十分的崇尚。俗话说"官大一级压死人"，谁的地位高，谁就会在相关的各种场合，也能说了算。曾经当过朝廷命官的，很容易就在家谱，在地方志里，浓重地添加上一笔。单单做个读书人、工匠、商贾，在族谱里面可能都没有记载。真是人比人，气死人，经常计较着身份高下。几乎每一位私民，都渴望能有照顾着自身的权势，那是从身外来的，又不可或缺的东西。而在某人的职位，官帽以外，真正对其人品的尊敬，对其言行的肯定，实在很罕见啊。

自我实现的需要，这对私民来说，根本是无法理解的。在官员代表的权势之下，百姓必须顶礼膜拜，划出了不可逾越的官民身份界限。当了大官，就相当于贴上了耀眼的标签，就能够为所欲为。有多少私民，生活的目标，就是在乎如何把周围人比下去，抬高自己，讲究一个面子上的光彩。看起来不动声色，得到了虚虚实实的地位，据有者沾沾自喜，多少官员真是被宠惯了，凌驾于他人之上，不可一世，横行霸道。另一方面，不少私民，就考虑着如何讨好上级，缺欠底气，妄自菲薄，暗自叹息。这两种走极端的表现，其实都是欠缺独立人格的表现。身为依附性的私民，已经丧失了自我实现的可能。

低层次的生活和安全保障，满足个人生理方面的基本需求；中间层次的归属和礼尚往来，是作为群体成员的需要；高层次的自我实现和超越，则是独立人格的充分展现。对于高层次需求，身为私民，根本无力想象。

在日常生活中，过分注重面子上的热闹，相互吹捧的场合。本来亲朋好友就多，结婚、生子、乔迁、中奖、升官、发财、做寿，都要你来我往，热闹一番，彼此彼此，忙个不停。如果朋友之间，不能经常走动，关系就疏远了。相互之间，吃吃喝喝，打打麻将，玩乐戏耍，并不需要什么原由。私民有的生活空间，就是这样的需要经常闹忙，无时无刻，千万别停下来。消耗着相关者的生命，能够不停地应酬忙碌就好。

当缺乏自尊，缺乏相互尊重时，多少年轻人，笼罩在人生如戏的情绪里，忽视自身的生命价值，随便游戏此生。在既定格局里面，争取混得有头有脸，热闹一番，坐稳位子，凡事对付过去了，没吃什么眼前亏，就让它过去吧，都不用往心里去。他们领会着上级的指示精神，过分强调本地情况，强化着自古行之有效的套路，其实都是既定状态的再延续。

如此纠缠于日常生活，老是在攀比名分，讲究面子上光鲜的心理，无休无止，日复一日，逢场作戏，拴住了多少年轻人的心。他们不再能孕育精神上的追求和开拓，难以有更为高尚的追求。生活里多的是讲究功利，贪图实惠，指望着风水轮流转，明年到我家，那浓厚的管束氛围，积重难返。其结果，自儿时起就戴着派给了的面具，背负着重重忧虑与猜疑，心怀畏惧。在外表的和气相处下面，却彼此菲薄。每日里察颜观色，耗费心力，反复琢磨那为人处世的机巧，活的很累，很沉重。

仔细掂量周围那些得势者吧，他们相互在比什么呢？谁的位子高、权势显赫、面子特大，压住了其他人，并为此而脸皮奇厚，心肠透狠，痴迷于那些扭曲了的点子与伎俩，无奇不有的小手腕。平常就在报喜得喜，报忧得忧，有了失误，推诿遮丑，将错就错，日积月累，由小变大，以至于弄到难以收拾。

青年私民，早就被灌输了负罪亏心感，仿佛能够活命，就应该谢天谢地了。

每年的公务员考试，吸引了多数的大学毕业生和风华正茂的专业人才。他们谋求能占个好位子，被百里挑一，千挑万选。能够跻身于正统的公务员编制，身在其中，安享荣华富贵，拥有大大优越于普通百姓的荣耀，更不用提那些灰的暗的，不便明说的各类好处。

在此过程里，一些年轻人变得成熟世故了，得到某些功成名就了，如鱼得水，滋润得很。遇事自顾自吧，再也不会去关心什么是公平的发展机会。如果不幸被淹没在社会底层，会无可奈何，老是期盼有亲朋好友来出手相助，会有许多琐碎的烦恼，周围的人还看不起你。不管你是如何呼吁走访，奔波于命，到后来会有耗尽气力的一天，还是得认命，只求眼下还过得去，能够被上级多关照些，过一天算一天吧。

4. 成年人

升官发财，是成年人的竭力追求，不言而喻的既定目标，充满了奋发图强的努力，有如何为人处世的许多故事。

按照这个标准来看，某些人会如愿以偿，成为了人上人。而没有得到功名利禄者，浪费了毕生的时间、精力与才华，不过是跑跑龙套，被认为白白活了一辈子。南北朝时的刘勰，才华横溢，三十几岁时，就写出了《文心雕龙》，成为我国文化史上的一部标志性著作。其后为求得一官半职，历经20多年奔波，还是没能得到什么官职，郁郁而终。

不管用科举、任命、委派的方法，还是由伯乐推荐、选拔等种种形式，全都是为了强化官府的权威。

在特殊利益集团已经成型后，参与者都是那样忙碌，只要一直靠拢权势，就会轻而易举地带来各种收益。那些在背后挑挑刺的人，议论几句多余的话语，又能起到多大作用呢？任何通过调换几个人的职位，来改变传统的尝试，都只能是局部的，短暂的，很快就消逝的无影无踪。

做官，就是最为炫目的成人游戏。所有处事能力较强者，几乎都在竭力进入这个行列，当官与特殊利益之间，往往被划上等号。进入官场，就有了一个起步，如何享有特殊权力，还得机关算尽，经过巧妙的内部运作，才能够名利双收。

在故作玄虚的官场运作里面，必须见风使舵，讨好圆滑，逢场作戏，以假乱真，步步连环，以求实惠。官员们管束下属，自己也同时被上级修理着。在那不断放大的各类纠葛里，身心疲惫，早已弯下了脊梁骨，纠缠在受得奴才苦，争当大奴才的怪圈里。其间所有向往，或快或慢地沉淀为趋附心态：做官享权势，耀祖又光宗。凡收不到立竿见影的实利，统统别说，别想，别做。为苟且混下去，多少人当稳了附庸，在呼喊响亮口号的幻觉里，被彻底奴化了。

　　为什么上级总是有理，讲起话来头头是道？变化一些语气的侧重点，在无比光鲜的表面之下，假公济私，暗度陈仓，法外加恩，内外有别，一荣俱荣，享受优待。置身那种因人而异的关系，强化利益联结者，大行其道，花样百出的展现计谋，用于明争暗斗，任由现职官吏，来拍板定论。

　　谁的职务地位高，他说的话就能算数，错了也得去照办。对于众多私民，跟着上级去指鹿为马，那是表示忠心的大好机会。如果有一说一，马就是马，鹿是鹿，不会见风使舵，上级会当成有意作对，还要追究说话者不安好心，犯上作乱，戳穿了西洋景，会让他吃不了兜着走。

　　在策划于密室的权力运作里，掌握了进行分配的权力，肯定能得到好处，享用多多，结合成了实际利益集团。

　　成年私民，所关心的日常生活，大都在于注重财物分配多寡，具体的感官享受，吃的怎么样？穿的如何？待遇好与差？住了大房子吗？如果能够有些面子，有风风光光，看起来父慈子孝，成为一方"说了算"的人士，那就好了不起啦！对于人生的更高层次，尤其是精神需求，也就采取敬而远之的态度，并不认真当作一回事。

　　在既定传统里，要办成什么事，遵循着由上而下的认可，那挂在嘴边的极尽恭维，过分殷勤，厚重而持续的送礼，约定俗成，用作了交换筹码。办事的具体内容，需要由上级来定调，在不同的场合，掺合进时尚的话语。

　　官场中的成功者们，推崇哪些响亮而空洞的大话、假话、空话，从维持既定的相互关系出发，来处理事情。上级一定是正确的，而作为下属，完全可以牺牲或舍弃，可以重新安排的。当垄断了信息发布渠道的时候，完全保障了上智下愚。上面发一句话，顶一万句话，即使失误，也会对外宣布为胜利，问题成堆了，仍然宣称成绩显著，国泰民安。而民间的声音，底层即便说了一万句实话，也还会是左耳进，右耳出，没人会当作一回事。

生来作为私民，他的眼界被实际关联框定，只有同类型的纵向比较，缺乏不同类别的横向比较，会把自身如此，认作为满世界都如此。如果说起国外传进来的各种事情，众多私民，往往会以己度人，以偏概全，各取所需，为我所用，做简单肤浅的表面类比，继续盲目自满。

5. 老年了

多年的经验积累，成就了年老的私民。习惯于如何在各种活动里，取得有利的地位，有了那些见机行事，八面玲珑，略胜一筹的技巧。

局限于长期耳闻目睹，相当多的人把计谋与术数，视为聪明与才华，立身之本，身在江湖，心照不宣，将计就计，推波助澜。古代有《商君书》《罗织经》，近代有厚黑学，时下盛行潜规则。遇事便琢磨利害关系，运用之妙，各显高招，似乎参与的各类事情，都在运筹帷幄的算计之中。

年长些的领导，都要别出心裁，提出一些自己的说道，大都讲些别致的，高尚的言辞，以示与前任有所区别，引人关注。哪些似乎有些不同的语气，重要指示精神，反复被宣讲，一再被强调。换了一任领导，很可能再换个讲道理的侧重点，变通某些说法，立马又去论证另一些口号的意境非凡，继续决定着属下的命运。

老年的私民，在没完没了地跟随里，从来就没有别具一格的见解，老是寻思在明文规定里，有什么漏洞可钻。在他有限的活动范围中，充斥着太多的小道消息，却热衷于继续去打探，又有了什么最新的内部消息，宫廷秘闻。会揣测这一任领导，有什么特殊喜好，然后对症下药，投其所好，乞求回报。

官员在任职期间，总是听到赞誉性的宣传，一旦他下台了，就或多或少地被指责了，很可能还会作为负面消息出现，反过来用于衬托新任领导的英明正确。每位官员的任职时间有限，好不容易论资排辈，熬到了某个级别，过了几年，又要换成其他人，继续来表演。

已经坐在位子上的年长者，就要求稳固已经到手的权益，不愿意再去挪动了。常言道乱离人，不如太平犬，似乎"动"总是与乱连在一起。

当然，选什么接班人，需要看前任领导的影响力，往往要任用些比较听话，比较对胃口的下属。需要能干活，能吃喝的随从，结合起来，好戏连台，继续演绎下一集。在此斗智斗勇的过程里面，争着当接班人。阴阳、真假、文过饰非的奉承太常见了，如何处理内部的具体关联，说不尽，道不完。一旦被迫离开某个重要职位，人一走，茶就凉的事情多了去了。在看似风光的"面子"之下，是相关者的利益交织，争强斗胜，是那险恶的生存状态。

身为老年私民，一辈子作为某个具体角色，在实际活动中削足适履，承上启下，争取与上级保持一致，做事别出格，别落单。相互的差别，往往归结为年纪长幼，利益之得失，地位的高低，凡事都要顾及面子，谁都得权衡利弊，计算后果。

在那过程里，多半要看当事人如何发挥，在比较稳固的状态下，能够使群体里的各位成员排列得当。那自上而下的操作，舍去了许多说服和沟通的程序，办事情的效率，似乎非常之高。

代价呢？则是当各方面的利益有冲突的时候，体制内外的失意者，数量众多的弱势者，底层的民众，始终被边缘化，被遗弃，被反复践踏，成为了牺牲品。

若上层多少能有些自我约束，循环更替会来的慢一些。反之，不患贫而患不均，听任贫富差别，在短期里过分放大，穷奢极欲，矛盾急剧激化，太平日子也就所剩无几了。

重复那顺流而下的运作，看似突如其来的变更，那些不得已而为之的被动改良，某些细微末节的调整，治标不治本，高高举起，轻轻放下，极少可能另辟蹊径，真有什么改变。

老年私民，依照名份，各居其位，企盼能固守曾经最好的过去，总在回避出现什么转变。出了什么偏差，以为撤换些人员，调整些策略，就会缓解困难了，依然能够天长地久。

囿于实际利害关系，深厚的群体圈子，老年私民，又去开导自己的后人们，也去照样画葫芦，年复一年，继续着差不多的生活情景。

许多老年人，不假思索地以为，这就是本国特色，并以此为依据，认为可以保持不变，期望等其他国家出现困难时，能够取而代之。

既定传统，真的会照旧继续下去么？还能稳得住，立得起来吗？

回避群体结构的变更，我们已经遇到了根本性的困难。抱着多一事不如少一事的将就心态，还真会积重难返，遇到迈不过去的坎。

6. 新生代

新生代，伴随实行独生子女政策而来，与改革开放同步生长。

他们与在传统社会里浸泡多年，只熟悉老套路的前辈们，相当不同。无法继续由上级来大包大揽，分配工作岗位，全面安排他们的日常生活。置身现实，在信息瞬间万变的环境里，从根基上，开始脱离了原先的宿命。

我们现在面对的情况是，经济领域活跃后，社会各方面极大改观，各类事情都在加速度变化。基本的转型，以全新的方式涌现出来，全面呈现，两个趋向在较量：延续原有传统，继续充当私民，或开启现代公民社会。

时至今日，作为新生代，不再能够照旧生活。他们要变换身份，要成长为社会公民。原先的传统，自身开裂了，难以为继了，不能再完全沿用老办法啦！不能全然维系原有层面的需求，继续那低层次的徘徊啦！

人群先前的联系，多局限于身边。仅有本地域的活动，相当的分散，边界上并不过多相交，在自生自灭中，相互影响有限。如今，新生代在网络上实时联系，身在地球村里，处于相互影响之中。这冲击着原有的局限与狭隘，需要与其他人，其他的区域密切交往。

转型的时代到来了！

成长着的独生子女新生代，开始改变那先前的完全依附状态，朝向了有所鉴别，有所选择。

今日中国，有了相当不同的新生代，他们正在参与塑造基本的社会转型。我们看到的青年人，展示着民族的未来，他们与前辈，有了明显的不同，多少事情，从小就需要自行做出选择。挑选学业、寻找工作、上岗培训、自行流动、出国留学和生活……都需要当事人参与抉择，并有了更多的参照物，眼界开阔的多了。

当代青年人，具有了全新的生活起点，不可能再由国家来保障就业了。他们在逐渐走向自食其力，精神面貌在转变，在与沉重的权威，漫长的历史包袱告别，逐渐形成新的社会氛围。他们开始有了某些想象空间，思索着如何去改善，去丰富自己的生活。

新出现的东西，太多太快了，许多事情，长辈要请教于年轻人了。这是涉及世代更迭的剧烈变化，是创造，是适应，还是反对，不管采取什么应对办法，该发生的，都在发生，不会因为某些人的一厢情愿，而止步或倒退。

成长着的新生代，每个人作为独立的主体，来参与分享信息，参与情感和行动的盛宴。向着更高水准看齐，发挥个性，充分地取长补短，节奏感强烈。

世界潮流，浩浩荡荡。

华人要翻开新篇章了。

不再继续关起门来做私民，而是走向建设公民社会，真正参与人类进步,由每一个人,来做堂堂正正的公民!那些抱紧无限制权力不放,标榜有什么特色的想法做法,都是忽悠,仍是闭关自守,与人类进步的光明前景相去甚远。

第二章　龙面Q心

"龙"这个形象，何以成为了汉民族的"面子"？
为争得面子巧"做"人，怎样成为了普遍心理（里子）？
生来活在面具中，随那群体舞黄龙。
莫问毕生何处走？Q心徘徊千百度。

1. 膜拜黄龙

黄龙的造型起源于华夏，不同氏族都有各自的图腾。先人把其整合到一起，选取九种动物原型加以组合。在那蛇、马、猪、鹰、虎、鹿、鳄鱼身上，取其各具特征的部位予以修饰、想象并加以夸张，重新组合，叠加而成。

观察各地的出土文物，那是模仿各种动物形象，塑造出龙的原型。中原有蛇与鳄鱼，东北有马与猪的形象，东南有鹰与虎的形状，西南有鹿的象征，西北有鱼的形态。华夏祖先突出这九种动物的特点，各取一截，整合为并非真实存在的龙，看起来光彩照人，充满着神秘的意味。

龙是在想象里变幻莫测，还未完全成形的图腾，有着不计其数的变身，谁也说不太清楚，由着当下的参与者，继续来塑造。

华人通过对龙图腾的崇拜，都那么讲究像模像样，活的那般牵肠挂肚，继续栖身于巨龙的影子里。

作为整条黄龙的代表，大龙头当然就是皇上，并由众多习惯于龙恩浩荡的粉丝，也就是寻求活路的私民，叠加成为了庞大的身躯。不管居住在哪里，每逢新年佳节，都要表演舞龙盛会，竭力展示黄龙多彩多姿的形象。充满浓郁华夏色彩的这巨大龙体，已经随风起舞了多少年。似乎每一代，都按部就班，熟视无睹了，早就见惯了已有的说法、做法、活法，按照既定要求，努力成为整条龙体的一部分。

如果说在西方，上帝意味着超验境界，升华成为了唯一神，每个人从真实出发，追求超越自身，为了希望，为了信仰，进入理想境界，融入那无限的上升过程。

那么，黄龙就是按照祖先的想象，构成的庞然大物，处在不断的塑造之中。经过种种传说加工，在崇拜现世之黄龙，也就是当今偶像的具体过程里面，众多私民，忙碌不休。营造那种虚幻的，谁也没有真实见到过的龙，那就可以随心所欲地遐想。

早就习以为常的偶像膜拜，强化着天人合一的浓浓情结。那可以添加人伦道德观念，充满着不可知的意味，以此寄托满腔的感叹，歌颂美化着此种形象。与延续数千年的历代皇家天下比较，缺乏信仰支撑的某个肉身，实在是过眼云烟，无足轻重，万般无奈，尽力忍耐和柔韧，只为能够勉强活着。

自古以来，象形文字里对"龙"的描绘，处于有形无形之间，难以捉摸。那是包容一切的象征，又成了那恢宏而说不清的典藏之源，加上我国举世无双的庞大人口规模，这条黄龙无论朝那个方向去，自身体积加上意向，都将会倒海翻江。

为了能够在巨龙的影子里活下去，置身茫茫人海，作为个别私民，接触的层面都相当有限，似乎都只有那从属的命运。他或浮到表皮上光彩夺目，或埋没其中悄然无声，每一个活着的人，都搅拌在里面。

作为私民，崇拜那与上天合为一体的黄龙，认可与供奉其所象征的帝王权势。无论哪位皇上，都宣称自己生就富贵命，乃上天的化身，奉天承运，代表着天，治理万民，掌管知识礼仪，分配钱粮财富，名正言顺地坐镇于金字塔的顶端。

无数的私民，都跟随这"天之骄子"，敬畏服从，跪拜磕头，山呼万岁，自轻自贬，臣忠于君。以此形象来装扮"脸面"，自谓是"草民"、"卑臣"、"在下"。他们看重的是"圣上"能够赏赐个面子，自己被允许活下去就行，从来不会去认真思索事情的前因后果，如实地讲求孰是孰非，真正关心自身应有哪些权利。

由此联结着数以亿计的民众，作为龙身或龙尾的某一部分，有着勤劳、俭朴、忍受、柔韧、守成、认命、重视故里、讲究乡情、安守宗族等良民传统。无数私民，把世间诸多事物的变化，统统归结于看得见，摸得着的血缘家族，要有利于稳固群体的内部关系。自给自足，自我陶醉，别无选择，委身在黄龙的影子下面。

2. 龙之面

某位私民，生来就作为庞大龙体里的成员。他如何安步就班，在排列中取得适当的位置，就至关重要，相互间的称谓，摆明了身份的高低次序。能够慢慢成为长者，或晋升到较高的级别，就算有了面子，外表风光。

"面子"不同于日常交往中的礼仪礼节，而浓缩了家族的社会定位，以权势高低，"关系"深浅，财富多寡作为评判标准，有传承下来的依附与尊卑。

没有作为公民的尊严，没有发自内心的相互尊重，某个人小心翼翼，维护那些做出来的表面风光。要听从管教，在弄明白了自己面子大小后，才能恰如其分地去言行举止，建立起相互间的关系。

"面子"就是国人的护身法宝，其重要性不言自明，无时无刻提醒你，功名身份重于生命，必须以身相许。

求取功名，有头有脸，称雄一方，成了多少先辈的基本向往，造就了与之适应的思维和行为模式。私民生而狭路相逢，同室操戈，冤家路窄，塑造了受压抑的性格，在压挤里存活，被压缩的命运。

先有了"面子"的认定,才能知晓该怎么做人。

脸面重于生命,私民生来就参加面子工程。为得到那脸面光鲜,付出无穷无尽的努力,却从来没有可能跳出"面子"的圈套,来看一看,想一想。都在义无反顾,按前辈经历的必由之路,照样画葫芦,走过了生命的春夏秋冬,完成着少年、青年、成年、老年应该做的那些事儿。

每一位私民,从出生伊始,就属于某一家族,就附着于某些特定的群体,淹没在"家丑不可外扬",隐瞒真相,虚情假意,撑起面子的氛围里。他们身不由己,完全不在意自己真有什么成长,早早地就变得成熟世故,去按约定俗成的套路办事,维持着密切相关的家族或群体关系。

身为私民,活在既定群体里,从列祖列宗那里传承下来,如同空气和水,无孔不入,包裹和挟持着所有成员。他"逢人只说三分话,未可全抛一片心"。只能为已有的家族,亲友和单位所吸附,凝结成为其间的一个部分。某人活着,受其引导,驯服被动,势单力薄。身在其中,心领神会,兴衰荣辱,喜怒哀乐,求官谋利,起伏跌宕,脸面得失,恩怨缠绕,日复一日,年复一年,种种纠结,代代相传。

那过分关注面子的存活模式,与产生健全人格的可能,背道而驰。那造就了深厚的管束氛围,沿用为人处世的护身法宝,积重难返。按已经被规定的角色要求,某人的言行,一再重复着老套路。如同置身在古装戏剧里面,各自扮演特定的生、旦、净、末、丑,翻来覆去地念着老剧本,在狭窄压抑的既定群体内,夹着尾巴做人。

无数次假戏真做,到后来实在真伪莫辩。表面看来像个君子,冠冕堂皇,鞠躬尽瘁,颂歌盈耳,骨子里面,口是心非,埋怨嫉妒,疑虑甚多,还能剩下多少真心诚意呢?既然社会生活的行为规则,都有明有暗,都依了龙头们的喜恶,朝三暮四,捉摸不定,以至于谁都不再抱有坚定的信念,独立见解也不值一提。其结果,自儿时起,就戴着派给你的面具,背负着重重忧虑、猜疑和恐惧。

按照顾全面子的要求来"做"人,日常顺从既定的权威,凡事皆有诸多忌讳，酿成了滋生空话、假话、大话的温床。自古以来，聚到一块的私民，就在相互提防，暗里较劲，帮派丛生，内讧不断，算计整人。参与者的心态，自幼被熏染成等级分明，或居人上，或矮人下；要么傲慢，要么卑微。

看看周围那些已经爬上去的人吧，相互在攀比些什么呢？谁的位高、权重、钱多、房好、吃得开、面子大，并以此外在的形象，作为全身心的努力目标，痴迷于那些扭曲了的点子与伎俩，变态的小手腕。

因为报喜得喜，报忧得忧，所以尽可能光是报喜，硬撑面子活受罪，有了失误要遮丑，将错就错，不再能够实话实说。结果使失误由小变大，积少成多，以至于蔓延开去，一直弄到难以收拾。

"做人"，最重要的是能混个有头有脸，能当上官。位居某一级别，身为某一重要群体的成员，就可借助于那既定权威，占有不需明说的种种好处，坐享其成，又能合法的支配和伤害他人，拍板定夺属下的命运，却无须去承担相应的责任。

各种权力，全都属于居高位者，再由他们手工操作，明里暗里地恩赐下来，点点滴滴，洒向关系亲近者。官宦们被纵容的骄狂自大，连当奴才、做太监还时刻计较谁更得宠者，狭隘、偏执又虚伪，卑劣无底线，耗费全部的身家性命，诚惶诚恐地周旋于贵贱序列。当着一心向往脸面光鲜的私民，从来没有过什么"真心诚意"的可能，自尊心也无从谈起，压根不曾有过一丝一毫的羞耻感，发自内心的荣誉感，更容不得直率的议论，认真地反省。

如果有哪位人士，抖胆说出一些真实情况，开诚布公地加以评论，往往会被视为害群之马，责怪其不识好歹，不顾大局，被群起而攻之。某位私民，一旦丢失了面子，迟早会被其归属的群体指责唾弃。他的实际处境，走又走不脱，活又活不好，还真会落得一个任人宰割，生不如死的境地呢！

在着力维系面子的环境里，无论换了谁，早晚都得按部就班。某位私民，从小就被灌输了负罪感，猜疑心，仿佛活命都是被龙头恩赐的。君要臣死，臣不得不死。各位私民，不过作为奉行各项旨意的应声虫，为君王能江山永固，或为上级任意厘定的某些施政方略，起劲地折腾，却从来不曾为自己的生命，认真地活过一回。

生来千差万别的每一个人，本应当多姿多彩的个体活动，全被教诲训导，强制放入这病态的"面子"模具中，经高压高温定型，前仆后继地陷入这无底的沼泽地。龙头老大出了差错，民众无权评说，指望由更上一级出面，哪一天能有所改进。叹息现任官员太骄横，相关的私民，企盼着迟早会来的下一任，能不能少一些脸皮厚，心肠硬；又再忍耐，再企盼，何日能够出现一个包龙图转世，总是在盼明君、盼清官、盼侠客……

3. Q 的心

在需要时时处处维系面子的地方，众多私民，将就活着吧……

抱着一切为了保持现状的依附心理，挣些面子，就是竭力维持已成的关系，就是没完没了的联络情感，就是表演，就为了能够存活下去。相互之间，假的来，虚的去，开了场的这出戏文，好歹得继续唱下去。

如同活生生的阿Q形象，原本的心灵，早已被挤压变形，失去了自尊自信。生存，就等同了这个肉身如何吃饭穿衣，传宗接代。受到赵老太爷们的欺负，气不过时可能想申辩一下，却又胳膊拧不过大腿，便转身向更弱者开刀，无事生非，去欺负王胡、吴妈、小尼姑。自求一时心理平衡与抚慰，自我解嘲，变个法子，转嫁受到的侮辱，缓解那与生俱来的自卑与恐惧。

惯常于自暴自弃的私民，稍占上风时，又把他人不当回事。得势便骄狂，见证了小人情结屡屡得势，耍耍伎俩，迫害他人的事情泛滥成灾，伤害或者牺牲其他的弱者。

要撑住面子，必须具备Q心，要有一付见风使舵，讨好圆滑，以次充好，以假乱真，滥竽充数，只求实惠的心肠。由此而来，再包装什么崇高的形象，伟大的榜样，华丽的言辞，都不过是某种装饰品。置身在既定的群体里，私民有心里的各种抱怨，可又得为面子，再三敷衍。出于适者生存的习性，势利实惠的算计，淹没了一切，耍出权术小计谋，戏弄诚实讲信用。实话说不得，那位说些实话，或酒后吐真言，迟早准得倒霉。

对上屈从，对下施压，热衷"面子"，三六九等；轻视责任，冷漠敷衍，他人危难，与己何干；讥讽理想，省略理性，麻痹情绪，冤冤相报。以其人之道，还治其人之身。相互之间，只是关注他人的使用功能，或眼前的利用价值。众人在相互踩踏的日子里，有几多无奈，身心疲惫，弯下了自身的脊梁骨。

等到二十年媳妇熬成了婆婆，天生的那些朝气与正气，早已经烟消云散。都会心安理得，缠绕于受得奴才苦，做成了大奴才的怪圈里。别人整我，我又整人，被人欺负，又去欺负他人。多少私民，都一身两任，别无选择，心甘情愿，大哥莫说二哥，似曾相识，差去不多。

作为私民，听着那满口的仁义道德，在装扮门面的"正统"下面，着力维持外表光鲜。那习惯性的终生痴迷，就为了能分到些龙恩龙泽，如同飞蛾扑火，不请自来。得到恩宠者不可一世，洋洋得意，得不到者，自认晦气，感叹于龙生龙，凤生凤，老鼠生儿打地洞。跑龙套者的所有向往，统统沉淀为趋附心态：官家享权势，耀祖又光宗。

这种功成名就的标志，往往是公认的，已知的，一成不变的，就看谁能够巧妙地，体面地扒拉到自家的碗里面。凡收不到立竿见影的实惠，统统别说，别想，别做，甘为五斗米折腰，为苟且混下去，能有条活路，付出了全身心奉陪，步步跟随的代价。

任何有条有理的思考，都销声匿迹了，被人为地阻断了，平常心也无法生长。在普遍的身心依赖状态下，不少私民，早已失去了实话实说的勇气，心甘情愿地充当着某些大人物的附庸。即便人口众多，在呼喊响亮标语口号的幻觉中，回避理性的分析，熄灭了希望的火花。意识层面的奴化与矮化，几乎根除了任何自我提升的可能，弘扬人生理想的内在源泉，已经枯竭了。

父母长辈，生怕孩子可能吃眼前亏，教会其从小就去适应种种现状：奉承、拍马、开后门、人情网、请客送礼、迎来送往，酒肉穿肠过，习惯成自然。随着年纪渐长，如此潜移默化的从众心态，又言传身教给孩子的孩子，"捧杀"或"棒杀"了更为年青的一代。那种呵护，多有身体方面的关爱，全为了延续家族血脉，从未把子女当作身心独立的个人，需要有自主思考，需要那成长空间，需要新的起点。

在龙面Q心里，某些个私民，按老办法行事，能够有一些功成名就了，会活得如鱼得水，滋润得很。他们会自顾自，再也懒得去关心什么是真相？什么是正义？什么是公平？如果不幸被淹没在底层，就会深感无可奈何，会有许多琐碎的烦恼，无助的困惑，会被周围的人看不起。不管某人是如何呼吁走访，奔波于命，后来也有耗尽气力的一天，又得认命，求个还能过得去的归宿，凡事听天由命吧。遇到事情，只论关系亲疏，就这样再三维持，谁都深受其害，行起事来，却仍然是老方一贴。

多少人打记事开始，看惯了为面子做人，随机应变，几付嘴脸，早就见怪不怪，会自娱自乐，或竞相标榜。既有传统能以柔克刚，以此同化了入主中原的蒙古族大汗，同化了满族八旗子弟，更以为能够腐化某些个西方人士，腐蚀了哪一些外资的公司，而沾沾自喜。

浸泡在此境遇里，权贵们总以为自由人权，民主平等，全是说说的。不管换了谁，也还是在演戏，百姓总归要顺从官员说的话。戴着有色眼镜去看世界，按自身习惯的模式来套别人，满眼望去，充斥着"阴谋论"，疑虑是否又进入了什么圈套。会以扭曲的心态自我安慰，冷嘲热讽，胡乱猜测，臆想太多，老是戴着某种面具活着，不情愿再去挪一挪身子。

多少的私民，平日里被修理得循规蹈矩，遇到什么事情，就会跟随所在群体，狐假虎威，或非理性的人多势众，造势起哄，发泄一番。

有些像那老龙虾，慢慢在海底水草里爬行，一旦遇到了惊吓，马上曲身收缩，因循守旧，倒退爬行瞎折腾，进退失据。

时至今日，仍有一些人在固执己见，抱残守缺，对境外来的各种文化现象，捕风捉影，曲解原意，妄加诠释。接着以数不尽的理由，延缓观念现代化，体制民主化，社会公民化的进程。

4. 变色龙

满清皇帝退位，标志着华夏，从自成"天下"，变为了世界里面的中国，是国际社会中的一个成员了。由此而来，不再能完全自说自话了，开始参照国际通行的基本运作规则，引发了诸多社会变革活动，此起彼伏，相当热闹。

伴随着国际风云变幻，在国内的权势者之间，各位大龙头，几家欢乐几家愁，有了相互间"面子"的大调整。凡事聚焦为跟谁走，归结为紧迫的阶级斗争，落实为严酷的政治权力角逐。在诸多莫须有的政治"运动""路线"斗争中，不够听话者，遭遇到灭顶之灾。

龙面Q心，落实在平常活动中。为什么会个个向往面子的光彩，努力成为更高级别的官员？为什么做官等同于生命的最高目标？早就撒得遍地都是"顶戴"了，已经惟上是从，折腾属下，没完没了，还要继续把全部热忱、才智、精力、性命统统耗费于"做官"的起伏跌宕里？

为了当官，竭尽全力，遗弃了羞耻感，更加起劲的窝里争斗，形成了谁也逃不脱的巨型漩涡。席卷着热衷于此道的众多参与者们，身不由己，在向内向下向后旋转。那深不可测的无底洞，阻断了多少向外向上向前的努力，真可谓龙潭深渊。有再多跟从的私民，也迟早都会遁入漩涡，仿佛都被注入了龙面Q心的基因，又持续不断地，复制那盲目的依赖感，越陷越深。

表层的变化，欲速则不达，骤起之龙，必有折腾，应用的还是原先的运作方式。参与者的素质，并没有什么真正的提升。每一次应急上台的接班人，本身就是按照原先的标准，物色出来的，是原先衣钵的继承者，或者是按照某些利益作条件，交换成功的，只顾眼下还能够过得去。

一旦能够安定下来，就由成功者来重新分配职位，稳固传承下来的格局，成了既得利益者的最佳选择。这样做的过程里，每次权力更迭之后，陈年的积弊，又会慢慢泛滥开来，接着换了一批得势者，回归再一轮的撑住"面子"，利益链接，变着花样，又一次踏入漩涡。

龙面Q心，源远流长，作为切切实实的社会存在，浓浓密密，安排所有人的日常生活。看起来是遵循传统规范，遇事无不讲究礼仪次序，强求同一，强调和谐，行起来则是威权主义，赢者通吃。找着变通的办法，为延续现状做铺垫，胜者为王。碰着什么难处，则求上级给予庇护，但求表面上看起来步调一致。

无数私民，既然没有了自主的人生，也就缺乏平等交往的正常心理，难以真正的相互沟通，不是去修理欺负别人，就会被别人欺负。不是拜他人作"老大哥"，就要去充当他人的"老大哥"。以此去对待其他的人，其他群体，其他民族，老想充大，老是会纠缠于谁高谁低，谁强谁弱，谁说了算，患得患失，忽冷忽热，无事生非，自寻烦恼，冤冤相报，何时是了。

往事悠悠，正在翻篇，今日国人，通过启蒙，需要与多元文化广泛交流，扬长避短，融入世界。

既往，龙面Q心，概莫能外。

如今，跃出沼泽的时候到了。

在可以见到的岁月里，要认真反省那笼罩在龙面下，跳动着的Q心，还能够继续一成不变吗？

多少私民，顺应社会转型，走在身心变化的大趋势里。我们从哪里来？到哪里去？想要争取什么？需要认真改变些什么？怎样能够成为真正的社会公民？

第三章　向内运作的群体

春蚕吐丝，作茧自缚。炎黄子孙，生来就附着于其血缘家族，直接参与身边群体的活动。作为私民，从属于某些层级，缠绕于向内运作的特定人情关系网，全身心地作为其中的成员，完全被定格了。

向内运作的群体，传统文化之根基。

不识庐山真面目，只缘身在此山（群）中。

为了认识向内运作的封闭群体，就要仔细观察私民，还原他们的生存状态，如实看待其基本组合方式。

1. 内卷化没完没了

我国位于亚洲的东方，是一个完整的农耕内陆区域。无数私民，在日常生活里，由那注重向内运作的群体，经过相当封闭的人为操作，内卷严重，层层叠叠，心神俱疲，无法脱身。

在实际生活中间，每一位私民，从小就受到既定观念熏陶，被所在的群体同化，成为了听话的孩子。随着年纪渐长，融合在既定的圈子里面。只要周围人群认为是应该办的事，他就会无所顾忌地去做，参与其中的事务，感受圈子里面，各种直接的痛苦或欢乐。

在那些向内运作的群体里，成天打交道的都是熟人和亲戚朋友，本群体成员。在其间认定了上行下效，安排着每一成员的平常起居，衣食住行。训导他们看事物的角度与眼界，有分门别类的面子大小，稳固某位成员的位置，维护着既定的利害联结。为了能趋利避害，一言一行，都要花费那么多心思气力，小心翼翼地修护彼此间联系。

身处此情此景，谁都耳熟能详。每一位私民，在既定的联系里，作为某个关节点，都得按所在群体的要求言行举止，悉心照料，时时处处都离不了内部的"关系网"。

作为私民，在那反复的内部运作里，少成若天性。以顾家恋乡，跟着头儿走的观念，修心性，讲气韵，筑围墙，闭门户，说命理，谈运数，论高下，议纵横。功夫随身走，尽在不言中。

身为某既定群体的成员，全身心的投入其中，时时参与，有呼有应，遇事照搬那统一的内部标准答案。

遵循着传统，好汉不吃眼前亏，努力分清楚级别高低，时刻关注相互关系的调整，扮演好派定给你的角色，跟随着指挥棒去转悠。

注重向内运作的群体，讲究礼仪等级，强调裙带关系，分别亲疏。仿佛像一张平面铺展开来的太极图，圈子分明，内外有别，上下有别，非黑即白，有大有小，或敌或友，此起彼伏，你得我失，如何把握，操控造势，运用之妙，存乎一心。

身在其间，暗里争斗，反复叠加，不厌其烦，往往能放大，或激发参与者的情绪波动。引导成员们去说大致一样的话，办着差不多的事，还会庆幸一荣俱荣，一损俱损，心照不宣，一点就通。多少私民，时常自我解嘲地认为，周围人的境遇，也好不到哪里去，都是这样熬过来的，求得安然度日。能够跟随那有权有势者，又有本群体成员陪伴，抱团取暖，该是多么适宜啊。

身边群体，如影相随，在"窝里斗"的运作之中，时进时退，日复一日，年复一年。对某个人来说，想要换个地方生存，真的很不容易。

无论走到哪里，又会有另一些当地的人伦联系。若真要换个地方，则意味着从头开始，又得去适应另一个群体里的论资排辈，深入那里面的人情世故，重新熟悉其间的种种联系。那又会有复杂的恩恩怨怨，需要照顾的方方面面，而结果如何，确也难以预料。

无论走到哪儿，都有抬头不见低头见的上下关系，构造了完满的普天之下。囿于闭塞的信息渠道，任何个人的见闻，都相当有限。沉浮在从来如此的岁月里，某位私民，是那般的微不足道，不得不随波逐流。

群体的向内运作，使内部成员按序排列，固化高低贵贱的区别，谁都不可能是独立的主体。这种向内运作的无限努力，一旦被权势群体强化到了极致，其先天性缺陷，就充分显现出来。

时至今日，那向内运作的群体，历经起伏，仍然不太在乎外部环境变化，听不得其他意见，就那样自说自话，协调着内部关系。

每一位私民，都由此被确定了生存的圈子，无可奈何地认命。他看起来充当各式各样的角色，实质却始终如一，就是等级分明，讲究亲疏，排斥异己，画地为牢。为稳固利益分配的基本格局，权势者占尽风光，说着悦耳的言辞，做些亲民姿态，至多是作些表面的修修补补，让内在矛盾不至过于激化，好歹把已经习惯了的日子，延续下去。

2．里外有别

日常生活里的私民，为什么那么热衷于划分圈子？遇事不问是非，只认亲疏有别的圈子，围着打转。置身其中，开动全部身心感知，去注意相关的事务，得失之间，体贴入微，不再向往其他的发展可能。从根本上，已经不再有超过实用的其他想法。

落实哪些不成文的规矩，依据龙头老大的喜好来办事。埋头向内运作，朝令夕改，全然跟从，言行趋同，人云亦云，随着潮流，灵机一动，从来不会认真提出什么疑问。

遭遇任何事情，计较切身得失，本群体的利益最重要。行为的规范就是里外有别，只顾本群体，为保全自身利益，毫不在意可能损害其他人，其他群体，其他民族。

权势群体的需求，就是为了扩大自身的利益。以"顾全本群体"

的名义，多吃多占，还没有人敢说三道四。圈内的人，都高举着维护本群体利益的旗号，一荣俱荣，以求得到多多少少的好处，稳定并持续下去。

显而易见，我国特色的群体里面，有着三个层次的向内运作。

普通老百姓，悉心维系着直接的亲戚朋友关系，投入了几多情感。身在其中，血浓于水，哥们义气，眷顾有加。面对家庭亲们，对所在单位以外的事情，确实没有多少兴趣，缺乏真正的关心，对没有直接关联者，漠然待之。

置身于群体中，尤其是官场里面，官员们关注顶头上司有什么需要，千方百计地予以满足，对上全都服从，对下刻意指使。服从规矩，运用套路，同时具有两幅面孔，就那样浑然一体，不会觉得其间有什么不妥。既使看到了对方的虚情假意，另一方往往也心知肚明，假戏真做。关键之处，一定不要说出来，装着若无其事，让这一有着固定套路的戏文，能够有板有眼，无休无止地唱下去。内亲外疏，近亲远疏，种种的帮派和圈子，纵横交错，外来的人，无法深入参与其间。

家国大事，光环笼罩，对非我族类，对其他民族，从情感方面疏远，做出来的客气，执着的偏见，掩饰着隔膜心理。看待那些够不着的地方，必定会以自身的经验，作衡量标准。什么都是自己的对，传下来的一些明显不同之处，还可能作为骄傲的资本，很容易唤起激烈的民族主义情绪。对待不熟悉的文化，出于本能，加以排斥，稍有不合自身传统的，哪怕确实优秀者，也会视而不见，或嗤之以鼻，不会真有多少兴趣。

多少私民，身在其群体里，运用那过度成熟的关联，有意识的维护着自我的封闭，充分地向内运作。做什么事，都必须合符在职官员的指令，要以顶头上司此时的需求，作为取舍标准。

操作这些既定的，个别成员无力摆脱的关系，把控管束本群体的所有人，使其不得擅自动弹，就成为主导者的基本任务。打着一切为了稳妥的旗号，那些还不够一致的想法做法，都在必须去除之列啊！

即便已经进入信息化社会，各种消息和舆论，时刻影响到每个群体，可仍有不少人，自以为做了本群体的老大，对下属就要分而治之，说了话必须算数。如果是在官场，有了一定级别，更是为所欲为，就得去行使不受制约的权力。他会做出糊涂或荒唐的决定，还以为谁也管不了，既无愿意，亦没兴趣去理解，去感受其他人群的需求。

多少私民，服从传统的封闭做法，不管圈子以外千变万化，努力保持内部的延续性，任由上级关起门来，称王称霸。现实里，这种自我的封闭，向内的运作，每时每刻都在继续，不由自主地强化着。

3. 跟随群体

按照既有传统，跟随所在群体至关重要。家庭是群体联结的基础和出发点，自小就依附家族，依照既定的长幼次序，遇事按照长者的要求，去为人处世。每个人从幼童起，就被要求听话，做乖孩子，凡事都要看大人的脸色，千万别得罪长辈、长官，免得吃眼前亏。

生为群体成员，自幼就背着重重心理负担，就连还能活下去，都需要得到允许，是被恩赐的事情。这样一来，被培育出对掌权者深深地愧疚感，总是偿还不完，都不晓得是哪一辈子欠下的，千方百计的要去报答，那栽培和提携之恩。

众多私民，努力掌握奉承迎合的窍门，常常无师自通，浅薄地去比较谁强谁弱，巴结强者，欺负弱者。他们安然于"做"某群体的成员，满足于笼统浑沌的天命观，反复叨唠那几条口头禅式的话语，得过且过。

遵循传统，就是按本群体的种种要求，按照长辈的教诲，按照大人物定的规矩，亦步亦趋。持续跟从大流，某个人不再会有独立的见解，也就不可能具有鲜明的个性，至多是去一再重复，谱写那些历来如此的老故事。

从个人的全部生活经历来看，早早地接受着填鸭式教育，充分地附着于直接参加的群体。一味讲究实用性，对已经成型的相互关系，被动地滚瓜烂熟，全身心地融入其间。

停留在亲友的关切里，寄托情感，恩恩怨怨，利益牵连，彼此照应，对付诸事，图个实惠。讲究亲疏远近，喜好太过热闹的活着，熙熙攘攘的应酬，面对什么不顺心的事，多是维持将就。

在尽力处理好每一具体的主从关系时，听长辈的，依照上级对你的要求，谨小慎微地去跟随。某人必须顺应礼仪规矩，将那剪不断理还乱的各种关系，应付得当，为此几多忧虑。由群体内部的安排，来摆布其成员，使之被塑造，成为某种类型的角色，那种言行模式，已经植入脑海，落实到行动上，成了每天一睁眼，就在忙碌不休的条件反射。

由此，在本单位，某个人要尽其所能，成为领导的一个顺从跟班，求得在本群体里，能说上话，在努力扮演好派给的角色。他服从潜规则，施展重重心机，更加计较实利，投身明争暗斗。

这些群体，借助高大上的包装，对外，刻意维护着某些光环，感觉上挺像哪么一回事，具有了某种神秘感。那种"做"出来的形象，满足着低层次的需求，要的就是热闹不已，大声吆喝，哗众取宠，随时增加某些色彩，显得风光。当事者在意的是有哪些具体说法，能够唬住镇住其他成员，仔细权衡利弊，注重当下，短期行为，立马见效。

就活动范围而言，作为既定群体的成员，无论身处何方，都倾向于自给自足，自我封闭，自相传承。在仿佛漫不经意之间，很少会由于换个表面说法，而有什么实质性的变化。封闭群体，就那样确确实实，规定着相互间活动，规范成员们的所作所为，使之随遇而安，全然接受。

平日里讲到的相关者，大多是圈子里面的其他成员，是不是"铁哥们"？是否有熟悉的身影？是什么地位、境遇、面子大小？配不配得上时时去奉承？关心着如何得些好处，妥善应对那些旗鼓相当者，而对必须仰视的大人物，一定要表现出相当的恭敬。

作为内部成员，必须无条件地附属于既定的家族，附属于所在单位，跟定上一级官员，全身心地浸泡其中，在已成的等级关系里面活动。摆在他面前的两条路，区分得很清楚，要么力求做人上人，去管着其他人；要么被他人所管，只好任由其牵着走，二者必居其一，似乎天经地义，不言而喻。

活在周围人的口碑里，正是极为势利的特定人身依附关系。

处在那向内做工夫的群体里，在看得见，说的出的诸多规矩下面，参与者都心照不宣。初看很明白的日常问题，却不能直截了当，加以说明和解决。明文发布的条条，就是表面上画了一个符，讲给大家听听的。如何运用"潜规则"，就是要心领神会，拐弯抹角，千万别得罪上级，无论对错是非，都讲究服从与通融，但求能维持住表面的和谐，相安无事。

4. 人生如戏

私民有的思维模式，是在不容置疑的既定关系里，人云亦云。会把活着，当作演戏，至多是老唱本谱新曲，啥时都得按照已成套路，继续装下去。无论遇到什么事情，都要等待上面来发话。

那是从小就习惯了的做法，幼年时就模仿成年人之间的依附关系，学会了察言观色，过早地老道成熟。他不再找寻心灵可能自由成长的空间，不再能有活跃的思索，在人格方面的发育成长，戛然而止。

那些起初有不同想法者，也多半会在周围的冷嘲热讽里，疑神疑鬼，拿不定主意，怀疑自己，打退堂鼓。常言道识时务者为俊杰，好汉不吃眼前亏，千夫所指，不残也伤。若与众不同，有了并坚持自己的见解，往往自讨苦吃，祸从口出，自寻烦恼，往后想混个太平无事，都相当困难。

关照伙伴们，拉帮结派。

无关痛痒者，冷漠旁观。

奉为上司的，敬畏有加。

为了维护既定的封闭型关系，多少人活得太累。相互提防，说长道短，品头论足，屁股决定脑袋，眼界限制了心胸。仅仅把自身当作一个物件，奔波忙碌，摆弄好身边那一圈精巧的关系网。

太注重于直接的利害得失，完全成为了具体角色的扮演者。就连善意该表现出几分，对哪些人表现，在什么场合，都需要花费心思，琢磨一番，削足适履，按被规定的角色要求去"做"人。就像那应试教育里的填空题，按照给定的标准答案，填写妥当。

为了眼前的安稳，得到被周围人认可，无数私民，即使内心有千百个不满意，也还是得过且过，求得讨好上面，管束下面，当面说得好听，背里又有多少烦闷怨气。

被"做"出来的人，换了谁都得照样做下去。

忽略个人成长了，只会算计地位孰高孰低。

少见清晰明白了，多得是依附，揣摩与妒忌。

不再去分别是非了，企盼头儿得道，鸡犬升天。

消除了超出本能的理性分析，遇事不必太较真！

在一味讲究实用，讲究利害的环境里，奖赏投机取巧行为，如何处理好相互关系的重要性，被反复强化。那种随波逐流，早已不说自明，边学边做，心领神会，一通再通，一招一式，惟妙惟肖，持之以恒，伴随终生，像无底洞般，吸尽了参与者的聪明和才气。

当某人陷入琐碎繁杂的关系网时，不管身在哪一级位子上，环顾左邻右舍，都有那说不清的玄机，道不明的陷阱。津津乐道也好，满腹牢骚也罢，置身其中，面对一地鸡毛，忙个不亦乐乎！其实不过在原地打转，消耗掉那几十年的光阴罢了。

俗话说三岁看大，七岁看老。设想某人完成学业之后，真要给一个相对宽松自在的活动空间，可以认真思索某些问题的时候，却囿于眼前，内心茫然，理性欠缺，已经失去了进行思考的兴趣，不再有独立分析事物的可能。

作为私民,见惯了凡事由大人物来定调子,从来就不在乎那些理解力,想象力,创造力。一旦作为某个已被安排妥当的角色,除了按既定的路径走下去,他还能够怎么办呢?

没有了自己的选择,又缺乏其他的向往,如果稍有闲散时光,他马上会感到太空虚,好无聊,没啥乐子,周围没有人陪着不好玩,巴不得立马融进另一些细致入微的关系里面。多少私民,义无反顾,去扮演群体里的某种角色,忙碌不已。他会在注定的麻烦和联结中间,找到确定的归属感,得到一个感觉充实,流连忘返。

能及早开始,巧妙地处理相互间关系,是决定某人毕生成败的关键点。在群体生活里面,七、八分做人,三、两分办事。在那成熟过度,需时时照看的联系里,多少私民,主动或被动的纠缠其中,不知不觉地遗失了真正的生活情趣。只求能在熟悉的相互关系里面,对号入座。把那千万遍重复的戏文台词,一幕一幕地再唱下去,看能填上个什么好些的空缺。求得让他人羡慕,不容置疑的成功:升官发财,指望着能够心想事成,急功近利,越快越好。

多少次重复,无数次结局,在圆圈上,终点又成了起点。参与者津津乐道的是,点点滴滴的占有行为,相互比较着,能否在具体依附关系里,取得个牢靠的位子。

在向内运作的群体里面待久了,什么都得以上级的喜好为准绳,忽左忽右,颠来倒去。多少私民,经历着那翻烧饼似的命运,忽左忽右,压根没去仔细想过,生而为人,还应该有哪些可能的追求。

那怕飘泊到天涯海角,作为私民,也会自成一体,努力筑起墙门来过活。向内形成盘根错节的关系网,为自己,为子孙亲友联络感情,换取种种实际利益,忙碌不堪。唱着多少代不变的老戏文,所有的人都沿着既定道路继续走,若谁不顺着此路走下去,那他就活不好,难舒畅。

好汉不吃眼前亏,识时务者为俊杰。即便有什么心里话,如果不能被众人认同,就只剩下对着铁哥儿们,对着至爱亲朋,对熟人圈子诉说一番,发泄牢骚。曾经年轻活跃的心灵趋于麻木,至多乞求能遇到个别知音，或意气相投者，惺惺相惜，说些贴心话，化解一些平日难以抒发的闷气。在实际生活里，依旧作了跑跑龙套的跟班而已。

5. 指示就是命令

按照步调一致的模式，那跟随大流的私民，等待着上级的指令，依照标准答案办事。

自从有记忆的那一天起，灌进耳朵里面的，都是直接上级的讲话，被当作立竿见影的指示。使某位私民，全身心地浸泡其中，恰如其分地去"做"人，跟着混吧，不知不觉地一路走来。

历代对各种礼仪，各类道统的叙述繁多，篇章数以万计，无穷无尽。从那些话的字面上看，其中充满了必须遵从的说辞。每件事都有立场，有阴有阳，有头有尾，众口一词，光鲜亮丽，却都难以追根溯源，细细品味。在许多道貌岸然的说法后面，有数不清的历史传闻，有曲折的表达，话中有话，一波三折，就看当事者如何去活学活用了。如果认真观察一下实际状况，那些尽可以讲的天花乱坠，怎么看都没错的话语，大多是表面文章，内容贫乏，说过算数。

在向内运作的群体里面，反复接受的教诲，就是遇到明文规则绕道走，就是漠视理性分析，就是紧跟那管着自己的上级，争取开一个后门，得到些方便。由此，也就不再会有其他的想法，不再能够坚持自己的理性。

青年被教训成听话的晚辈，都在既定的境遇里面，慢慢地熬日子，被灌输了凡事跟从的观念，听惯了假话空话，头脑发昏，颠来倒去。念念不忘的是，要努力做到忠孝两全，一旦降生在某个地方，你就别无选择，附属于那些群体，能够去顺，去从，去忠，去孝。

当事情只有上级知晓来龙去脉时，其真相往往被保密，被编排成有利于上级的说法。信息被层层过滤的结果，也只有跟从传达下来的指示，各类指示不绝于耳，真相却消失不见了。

凡事要按领导喜好的角度来编排，相互间最多被允许耍小聪明，说说空话，忽悠一下，统一口径，过着日子。多少年以后，时过境迁了，即便你能知晓部分事实，也会觉得，已经为时太晚，知晓了部分真相，又能够怎么样，事不关己啦，懒得再去搭理了。

用简单类比的方法，去琢磨问题，年青时虽然会有少许冲动，初生牛犊不怕虎嘛！可用不了太长时间，很快会变得老于世故，努力听从长辈的谆谆教导。那对未知的探究，对此消彼长的点滴利益以外的事情，大多数私民，都表现得无动于衷。

指示很管用，通过权威的渠道，由哪个层级来颁布，必定要能够说了算。

若评价人物与事物，关键在于怎么讲，能吃得开，比谁在当前群体里的关联稳固，比谁说的话管用。在那无微不至的密切连接里，在下者人微言轻，无关紧要。看起来大家都只有一个想法，一个声音，其实是敲锣打鼓凑热闹，旁观者不少，畏首畏尾，但求无过。

众多私民，已经不再会自己去想事情，不会认真去理解事情本身，发出自己的声音了，遇事求一个安稳妥当，更加有意识的维持现状啦。

为何许多延续千百年的老故事，依然一再重复？使那些掌权者们，总是做着自我感觉极好的迷梦？

每当看到国外新技术成果的报道，人们会不由得感叹于老祖宗的四大发明。仿佛国外有的，我们也早就全都有了，而且年代更久远。似乎在技术方面不分仲伯，彼此彼此，与如今从国外引进的各种工具，各种新鲜物件相差不远。经常讲的是：从国外引进来的种种创新，也没啥了不起，多少年还不是过来了，"想当年阔多啦"，活的有滋有味，如此聊以自慰，毫无感恩之心。

我国的能工巧匠，确实有无数发明创作。在某些技能方面，也曾相当领先，可是到头来，却成了供君王一笑的道具。那些聪明工匠们的作品，由着大人物随意摆弄，往往满足一时的兴致，有明显的实用性，传播范围也时断时续，曾经有过，又忘却了，已被遗弃了。

那些个曾经的技术领先，就图个当下展示，眼面前风光。

六百多年前，明代大臣郑和，秉承皇上圣旨，七次下西洋，彰显天朝大国声威。传说中用于航海的巨型轮船，比哥伦布用的船只，大了数倍，年代又早一些。史书称二万七千余官兵，统一号令，浩浩荡荡，所向披靡，行驶于南海诸国、马六甲海峡、印度洋、甚至东非海岸线。郑和留下的坛坛罐罐多多，遗迹亦有不少。带回来一些奇闻异事，却唯独没有探索发现新大陆的动力，没有去移民，去开拓海疆，没有海上交易盈利丰硕，也就没有持续下去的可能。航行归来，报个番邦进贡，如期来朝，天下归依，俯首称臣，歌舞升平，锦上添花。

盘点实际的结果，竟然会是花费颇大，国库空虚，新皇上不高兴了。带回来的航海日志，全被付之一炬，亦不再正眼瞧瞧蔚蓝色的大海，瞧瞧环绕南海、东海的那些周边邻国。从此锁国，数百年间，禁止再建造大型船只，也不准出海。关起门来做大王，传统的思维模式和治国方略，历千年一脉相承。

谁在发指令，谁就说了算。

那些在一方说了算的官员，在不断用加强控制的办法，来应付诸多变化，以偏概全，自说自话，手工操作，调整和把玩那繁琐的群体关系。

6. 低层次徘徊

普天之下，莫非王土。由帝王来分门别类，惩罚行赏，众多私民，安于实际的等级关联，各就其位，全然裹足于低层次的需求。官吏们期望的是，如何能得到权力、金钱、美色，很难跳出既有的套路，不再能够提出更高层次的目标。凡是可能真正促进社会变化的议论，多被消弭于萌芽之中。

那向内运作的群体，成为了大一统之基石。听惯了上面来的指令，成员们拨一拨，动一动，见风就是雨，调整着人际关系，信奉运作技巧，实用于具体过程。

史说宋代，就有了某些市场经济的萌芽，为何却会昙花一现，过眼云烟？在奉天承运，皇帝诏曰，侈谈道统，重农抑商的神州大地，皇上颁布禁令，立马转向，落花流水春去也。

置身花样层出不穷，难以独善其身的关系网，某位私民，要另辟蹊径，那可万万使不得，迟早得放弃。就是要照着上级给定的指示，跟随着似乎充满辩证法的说辞，偏见加私利，造就了种种短见，一道闹忙，去继续忽悠身边的人群吧。

一再照搬照套传统话语，遇事就断章取义，归结成为人处世的实用门路。一味夸张地应用比喻和举例，往往张冠李戴，举一反三，以取得立竿见影的收益，关心的是如何与切身利益挂钩。

在够得着的人群当中，维护好相互联系，把某一时期有效的变通做法，归纳成为某些大道理。怎么能将眼前的事，说顺溜了，如何能做到在方方面面都讨巧，就成为相当重要的事情。

在低层次的徘徊里面，私民有的想法，只能是照样画葫芦。他的大脑，完全是个摆设，可有可无，只是作为强势群体的附属物。那些张口便来的理由，经过莫名其妙的解释，里外两面兼顾，似乎都可以通过比喻，举出相似例子。

由此而来，愚昧的偏见，充斥世间，杂乱无章，还很顽固，找不到摆脱循环的可能。老想着维系住已有的利害关系，就会把愚蠢坚持到底。

什么是硬道理？为了维持那已有的稳定，任由各级领导来即兴发挥，来指示，只求能够把封闭群体，继续拢住。

今天这样说，明天又那样讲，并不在乎其间有多少客观真实性。有了好的结果，是领导有方，如果事办砸了，造成损失，会被说成交了学费，是下属的理解，有了偏差。长时期以来，我们用空口说道理，偏见取代常识，说完了就变脸，这种事情经历的还少吗？

强势者用那堂皇的言辞,来表达对切身利益的维护。在对天、地、人,对各类事物的笼统比喻之中,遇事划分为多少条说道,侧重点经常在变动。今天强调这几条,明天又可以宣示那几条,而其中的倾向性,按照其喜好来拿捏,要求部下去揣摩,不敢越雷池一步。

运用那些指示,强调眼下的实际效果,老是盯着上级允许知道的一面之词。多少私民,听不见,容不得其他见解,只得继续盲从盲信,愚昧地跟着上面的指示去进退。

跟从者们,都在一味说归说,做归做,就一定会服从本群体的使唤,放弃自行思考的努力。

天不变,道亦不变。搪塞里面的似是而非,黑白调和都对头,混沌度此生。

在向内运作的群体联系里,众多私民,全被锁定,照搬整套的教条,其影响广泛深远。重复着早就滚瓜烂熟的话语,一味安于现状,维持当下,再三重复。谁都动弹不得,也无从分析比较,不可能别开生面,另起炉灶,大伙儿都在熟悉的状态里,应付着,将就活下去吧。

7. 权势至上

每一群人,在既定的传统里面,习惯于依附跟从,尊奉那说一不二的专制权力。

囿于全盘接受的各种教诲,作为私民,不再具备健全的理性。其所在群体里,关于其身份地位的种种说法,就显得至为重要。那些从上至下的操作,以巨大的内部压力,规范着所有成员的言论行动。

把如何处理与当权者关系,提升到高于一切的程度。多少私民奉行既定的层级关系,不会再去探寻更为理想的生活方式,轻视公平、正义和勇气。稍有精神方面的追求,也会被淡化,被省略,被遗忘。

日常交往中,如何不择手段,抬高自己,或者自己的家庭,或者自己的群体，比其余的人，有权有势有实惠，就成了活着的亮点。

在他人同样具有的各种需求面前，如果能够有权有势，活得比他人滋润，说了话就会有人去照办，就会沾沾自喜，想方设法，继续维持。

以这种脸皮上的光鲜亮丽，做成了权势的外表。

历朝历代，实行的是，做足表面文章，保护既定利益格局，以一些花拳绣腿般的空话，套话，看似绝对正确的大话，来粉饰太平。

用人情关系的亲疏远近，来决定取舍。多少私民，从心理上，就远离什么不熟悉的套路。每当遇到什么问题，先要维护直接上级的光辉形象。如有什么错处，也都归结为，是某些下属太不懂事，以至于遮遮掩掩，文过饰非，丢车保帅。小错误也会酝酿发酵，曾经有几分合理的话语，会变成雾里看花，避重就轻。对事情原本的是非曲直，置若罔闻，不会再去如实考察。

各级官员擅长于繁琐的应酬，通行着人情大于王法的风气，致力于建立密切的私人间联系，迎来送往，日夜奔忙。虚虚实实的花架子，假的来，虚的去，整天沉溺于请客饭局，一道娱乐，玩耍同行，昏天黑地的联络感情，培育方方面面的利益链接，呵护权势间的沟通。恩师门生之间，哪怕手拉手地知法犯法，也会照做不误，甚至会带来相关者有"忠心"的赞誉。为能顾全自身利益，可以鱼目混珠，列举出极为堂皇的理由，招摇过市，表现为众人的楷模。

如何巧妙地抬高强势者，需要有诸多包装。那就会推崇空泛道理，一是标榜无人企及的道德高度，二是借用理学八股样式的套话，经由上而下的正规渠道发布，无止境地美化现状。在那些溢美之词下面，重温着耳熟能详的种种说法。

面对权势的无止境延伸，各位私民，遇事小心谨慎。如要求什么发展，不用说外在的管束很多，即便自身，亦有数不清的心理障碍。遇事可能会无限上纲，把某个人的遭遇，归结到"兴天理，灭人欲"的宿命。哪一件事都要反复对照，扪心自问，是否会损害既有的"关系"，总是心甘情愿地，跟着所在群体去进退。

评价某人言行的标准，重点在于能紧紧跟随，能够忠于其生存群体的"老大哥"。任何的说辞都已变味了，说一套做一套，牛头不对马嘴了！被各取所需，随意注解，成了玩弄技巧，施展计谋的文字游戏，忽略和漠视，以至于完全扭曲了生命本身。

　　为维护当权者一贯正确，会把起初有几分合理的事，夸大到荒唐的地步。那种父亲逼迫亲生女儿去陪葬，树贞节牌坊的范例，难道真值得一再颂扬吗。

　　按权势者的需要办事，有意无意的作假，成为了惯例。众多私民，极力压抑自己，回避着不如意的现状，乞求减少冲突。事情如果被认为是不利于上级的，仿佛都家丑不可外扬，不便公开，会被隐藏，躲躲闪闪。始于作伪，终于无耻。实话能够当饭吃么？连当事人，都不情愿把它弄得太明白，更别指望圈外的人，能够如实地来了解真相。

　　每个群体成员，对圈内人说一番话，对外人呢，看着情况，糊弄着说另一番话，可真可假。应付过去就算数，并不在乎那件事对错是非，只为证明说话者地位高低。这样的守成道理，内部似乎一团和气，皆大欢喜。由此做出来的表面文章，相关者心知肚明，不会真当成一回事。

　　为了维持当下的权势系统，呵护既成的群体关系，全神贯注于眼下得失，遇事跟随，不再会表达另外的见解，弯下了脊梁骨，不再追寻站起来才能够得着的希望。常见的私民，有多多少少的迷信，抱着求偶像保佑的宿命心态，随波逐流。

　　好大喜功，张口就来，讲空洞话语，形象掩盖了内容，风光的外表，遮蔽了真实。我国的评比表彰，名目繁多，经"全国评比达标表彰工作协调小组"的初步统计，计有14万8405个名目，经过批准，保留了4218个。（2011.9.26新京报）。有那么多的职能部门，有那么多的款项被使用，有那么多莫名其妙的表彰，有那么多的官员，需找些事情来做。

　　为了权势者的风光无限，一切都成了某种表演，就是维护脸面上的光彩，可以见风使舵，制假成风，真伪莫辩，任意编排那汇报材料，统计数据。

当把期望都寄托于大人物时，作为私民，不再能想象通过自身努力，来改动什么，极力讨好强势者，全盘接受上面来的管教。生命的全部努力，在于存活下来，等同于周围的人能捧个场，说声好，演变为争取吃饱穿暖，得些恩惠，粉饰太平。

在实际权势的重压之下，众多私民，经常得隐瞒真相，避实就虚，毫无底线地说着恭维话。更多的情景下，就得装聋作哑，运用自我解嘲的精神胜利法，自欺欺人，心理扭曲，客观上助纣为虐，为虎作伥。

8. 以吏为师

在公民社会，依据宪法产生政府，政务官员经公民选举，并受到各种制度的严格监督。与那里"以吏为奴"的说法不同，在大秦帝国，韩非子最早提出了"以吏为师"，迎合了那"一日为师，终身为父"观念。两千多年以来，一直广为奉行，并越来越强化。

能够名副其实成为官员，作为人上人，以其权术和谋略严密控制下属，有形胜于无形，那正是强者的目标，是其所能追求到手的成功。潮起潮落之间，任何一个向内运作群体里的强者，都在想方设法地走捷径，踏入自古华山一条路的仕途。

官员在表面上光彩照人，又有诸多不宜公开的私下交易。上下级之间，本来就有一本难念的经，在互相欺骗。表面上你好我好，左右逢源，内里则比较谁的脸皮更为结实，心肠更硬，手腕更狠，更能运用潜规则，得心应手，明枪暗箭几时休。群体内部，全都在比试强弱，谁说了算，按级服从，分而治之，一再烘托着以吏为师的氛围。

各级官员，明里暗里，作为社会的主导群体，星转斗移，权势交替，身为官员，好生荣耀。他们又是更上一级官吏的毛，一旦皮之不存，毛将焉附。当官员们都成了毛，就不再有多少真心实意，不再有相互信任了。在官场里面，对上对下，双重表现，权势高于生命的实际状况，得以代代相传，无休无止地继承发扬。

权势群体向内运作，掌权者明察秋毫，不动声色，提携自己中意的接班人，排斥那些可能有些想法，或有利害冲突的其他人。当打着各种标榜道德高度的旗号时，也就在教化私民，应该做什么，不应该干什么。

以吏为师，一日为师，终身为父。宗法血缘关系，被直接应用于官场，参与者们，都在拉扯关系，指望做官靠官了。要拢得住，管得着，那吹、拍、等、靠、要的官场习俗根深叶茂，买官卖官，可圈可点，成为了常态。作为经济文化政治一体化的运作，向内运作的官僚群体，从巩固既定关系的需要出发，来安排某位官员的取舍。

一旦置身官场，其间的帮派协调，恩恩怨怨，当事者忙的不亦乐乎。某个官员的聪明才学，没能用于发挥想象力，或展现个人能力，推进相互间的良性竞争，却耗费于如何区分职位高低，比谁更能管牢他人。

由此，带来了人心隔肚皮，彼此耍技巧，比谁更善于迎奉恭维，更能几副面孔，跟定现任领导。不言而喻的获益，就在其中了。从本质上看，继续那种群体向内运作，顺水推舟，官员素质注定江河日下，滋润着各类趋炎附势者。

只需对上级负责，便能够加官进爵，好处显而易见，如何走门路，巧妙运作当上官，成为被提拔，定终身的关键。一些人就心照不宣，直奔主题了，连做梦想的都是，如何能当上官，目光所见的，就是如何把荣华富贵挣到手。

官场的向内运作，就得管着相关者，经周密的安排控制，引导各类消息的传播，通过巧妙设计，照顾自己人，维护其特权。由内而外的腐败，又强化着向内运作的倾向。

历代都出现大量的贪官污吏，被贬被查之后，马上会有众多替补官员登场，会涌出来更多的接官位者。

官员经由上级任命，就为了完全控制的需要。实际上奖励卖身投靠，如何对己有利，情感面具，密切关系，结成利益共同体，不断滋长着，势不可挡地弥漫着。

官场作为实利重心所在，自我繁衍能力无与伦比，聚拢者越来越多，需要关照者的队伍，日趋膨胀，一直会弄到因人设事，头重脚轻，坐吃山空的局面。

由直接行政权力，来决定一切，用于对不安分，不合己见者，或不同派系，进行无情地处置，维护巩固已成的利益格局，惩戒那些权力斗争的失败者。

官大一级压死人，级别高的，发了话就是指示，就是标准答案，就自动符合了大道理。事前事后，都不允许认真的讨论。要触犯既得利益群体，铁定是千难万难，可压制，或排斥另走新路的建议，却易如反掌，一呼百应，几乎不费吹灰之力。

没有了其他的说法、看法或议论，耳根很清净，报喜者得喜，对假话空话大话，听之任之，遍地开花，颂歌盈耳。那讲些问题，说点真话者呢，无论走到哪里，都有可能触犯既得利益群体，备受嘲讽，一定会被冷落，被排挤成边缘人。

按说人生历练丰富，具有相当见识水准的官员，本该看待事物更加全面深刻，能够居安思危，评论问题，提出建议。然而，内部争权夺利者，在虎视眈眈，若稍微妨碍了其他为官者的利益，或有不同看法，一露苗头，就会遭到群起而攻之，直至被修理得循规蹈矩。

在官场里通行的，就是一门心思往上爬。说你行你就行，不行也行，说你不行你就不行，行也不行。

那些读书识字，又有过硬关系的私民，为求能当个官，千方百计，挤进仕途，不惜付出任何代价。奖赏告密，落井下石；或者被告密，被冤枉，被揭发出有不当言行。

历经多少回的跌宕起伏，好不容易才有了到手的权势，岂能自废武功，拱手让人？诸多官员，根本不在乎昔日的同僚，成了阶下囚，或国家的兴旺与否，也不真会去关心时政优劣。评价某人成功的标准似乎一成不变：能不能在仕途上，稳住了脚跟，得到任命，做到了某个级别。

没有了别的出路，几乎所有的能干人士，都挤身于仕途之中。他们讨个乖巧，坐而论道，立马收益，痴迷于看得见摸得着的实际权力，就为了能活的更加滋润。

众多参与者，在走捷径，开后门，奉承那握有任命权的上级，对潜规则，心领神会，消除任何可能的改弦更张。这种自以为妙在其中的群体氛围，侵蚀了一代又一代青年人，泯灭了他们的创造能力，熄灭了任何可能的变革。

官场，在无止境的向内运作，无限制地扩张既有的权力。

放眼望去，普天之下，皆为官场的延伸，排场还愈来愈讲究。越来越多的官员被供养，迟早会有坐吃山空的一天，松动了基础，内里完全蛀空。遇到什么风吹草动，就会无规则的抖动不已，原先的小事情，也可能逐级放大，牵一发而动全身，导致连锁反应。

9. 周而复始

向内运作的群体，经历了漫长岁月，在数十个朝代里，一直是巩固专制统治的坚实基础。

在自以为是的官僚们看来，权力就应该归己占有，绝对容不得他人分享。皇上总是说"朕乃真龙天子"，任何人士，都不会比天子，还要高大吧！

官僚群体总是自称，为着天下百姓来行使权力，打理诸多事务，也有说领袖就代表了民众。话是这样说，可是每位官员，都由上一级任命，不需经过民众认可，从未经由选举，不接受任何实质性的监督，不允许客观如实的议论。

官僚群体，在不由自主地向内运作，把握住手中的权力，当作自家占有的成果，排斥有其他想法者，绝不容许异己者来指染。作为握有实权的官员，即便是基层官员，县官不如现管，亦可随意指使属下，备受周围吹捧，为所欲为。

要进入官僚群体，必须彻底屈从于已经确立的上下有别，表现为完全的服从，由上一级来任命，来调配。必须想方设法，成为其中的"要员"，亦步亦趋，具有了相同的处世态度。

有些人初进官场时，还不太明白天高地厚，对那些明显的不当之处，可能会提出些改良建议。随着阅历渐深，有了各式各样的切身体会后，则见怪不怪，又会转过身来，去制服那些下级。他们满足于在群体里的地位，或快或慢，得以升迁，原本被压抑的痛苦，已经淡漠了，忘却了，沾沾自喜，甚至以为"熬资格"是一种必由之路。他会拿着腔调，去规劝和开导更年轻者，千万不要瞎折腾，无论对错，别发表什么其他见解，似乎那基本上都是瞎忙活。

现任的官员们，因循前辈的升迁轨迹，体味其中的操控乐趣。各人所担当的角色，也会循序渐变，若他能在向内运作群体里，紧追慢赶，提拔上去，拥有了管理下属的权力，就被视为有了无与伦比的荣耀。既往的怨言和委屈，都会烟消云散。他又会去端起架子，训导部下，人比人，气死人，排排坐，吃果子，真要有什么功夫，还是去琢磨如何熬个好位子吧。如果脱离了现行体制的庇护，就会备受欺辱。

实际活动里，对上迎奉，对下施威，做着合适的交换。被欺负了，君子报仇，十年不晚，最好能当个更大的官，再去整那原先的仇家，一报还一报。其心理"以其人之道，还治其人之身"，以至于有过而无不及。基于先前失意时的自卑感，较之前任的官员，某些新官，一朝权在手，便把令来行，从基层来的也好，或由文人里任用的也罢，实际的地位变了，用不了多久，就会自我感觉非凡，骄横起来，胡作非为。

官僚群体里面，经过一番又一番向内运作，某些大员，替代了原先人马，展开了另一轮演变，继续自我封闭的态势。

什么叫从长计议，什么是吃苦要记苦，就使当事者们，一直奔波不休。折腾、建设，再折腾、再建设，重复着管了就死，一放又乱，治乱交替。置身封闭的官僚群体之中，小的如操作各类项目，大的像领导班子更迭，只是在求得继续掌控局面，换汤不换药，等哪一位上了台，相差并不太多。

所以为民做主的故事，本来就是画饼充饥，仅仅作为一个天方夜谭式的心理寄托，是继续拢络民众的华丽传说。那些跪在地上的告状上访者，失望虽多，祈盼犹存，在无尽的等待中，乞求由更高的权威，来发慈悲心肠，来杀鸡给猴看，卑微地放弃了任何努力。

清末的杨乃武与小白菜一案，受牵连的多为江浙籍官员，前后被摘掉了一百多个顶戴花翎，名义是为了冤案平反，却时过境迁，演化为萧墙之变，被慈禧太后用于消除对立派别。在重重幕后，扮演特定的角色，一茬茬的换过了，演员换过了，基本格局却依然如故。

维护向内运作的封闭群体，成为了稳定统治的基本保证。众多私民，只要勉强还可以活下去，就不会真的去做出什么改变。由此，日渐狭窄的眼界，小恩小惠，小智小慧，就会伴随私民，一生一世。

那向内运作的传统，沿袭已久，遮天蔽日，再三维系。只要听话跟着走，就一呼百应，轻车熟路，多少会分一些好处。虽然也会有不满言行，想作些改变，却是零零散散，势单力薄，无人理睬，无从下手，似乎那就是蚍蜉撼大树，根本无法动摇整个既得利益体系。

相对来说，群体里的自私和狭隘偏见，愚蠢举动，往往会比个人来的更趋于极端。那是以所在群体的名义，人多势众，大音量嚷嚷，喉咙响梆梆，似乎占据了道德的制高点，经过相互激励，言辞越说越高调，越发不靠谱，却谁都不需负责任。

凡事只有本群体的对，其他的意见怎么说都是错，都是居心叵测，更趋于向内耍手腕，用功夫。

由此推而广之，以那居心叵测的阴谋论，添油加醋，推断他人，越吹越神的计策，诡诈谋划，大有用武之地。在向内运作的官僚群体里面，处处假戏真做，都在暗地里下功夫，还真是想不出，还能有什么别的活法。

长久以来，在官僚群体里，有了任何问题，只能逐级呈报，由那更高一级来裁决。用非此即彼，忽左忽右的办法来混淆问题，老是在放烟幕弹，暂时转移矛盾，用无比的高调装扮着，去糊弄其他人。

让各式各样的问题哪么拖着，甚至局部激化，方能显示众多官员的重要性，也很有可能，成为扩大权限的砝码。必要时，上级出面来修补一下，适时的摆摆平，并不真正去解决难题。许多事情若真相大白，就会牵涉到诸多官员，拔出萝卜带出泥，会揭示出更为严重的状况。

在现实里面，往往等时间过去了，问题也拖得面目全非了，若还能包得住，也就没啥大不了的事。这一代当事者们，迟早也会退休的，那同一类的思维模式，熏陶出来的官僚群体成员，作为了继任者，不可能真有什么新的套路。

因此，我国早就能让数千万人，甚至多少亿人，统统安顿下来。生存需求和精神境界，一再自我压缩，遇事忽略真相，光捡好听的讲。这些有助于既定次序，打造出表面和谐，却断送了真正的改变。

从本地，到遍地，那没完没了的向内运作，群体演进过程，老是在自我循环。温故翻新，培育了普遍的守成心态，盲从盲信，消除了责任心，遗弃了羞耻感，谁都无力摆脱已成的基本倾向。如承蒙上级圣明，提拔了你，给个什么级别，担任着某个职务，提升某些待遇，再激进的人，也适可而止，偃旗息鼓了。

几多另走新路的豪言壮语，清正廉明的口号，令人振奋的标语，突击整治的运动，也有洁身自好传奇式的样板，有海瑞这样的清官，几乎肯定持续不了多久，便又会偃旗息鼓。任其自生自灭了，飘逝在无边无际，又浓浓密密的群体关系里。

经常可以听到的说法是，百姓普遍缺乏识别能力，只能继续强化统一管理。似乎让人们实话实说，就会造成混乱，尚若开放，直接公开选举，就有可能被别有用心的人操纵利用。

我国经历过各式各样的外来思潮影响，有些还非常深刻广泛，带来了怎样的结果呢？常常都先入为主，为我所用，融合加工，呼喊着一些响亮的口号，掺和成为我国特色。

每一种外来文化影响，在引进的实际过程里，大多历经蓬勃兴起，囫囵吞枣，到被逐步消化，本末倒置，以偏概全。走偏了路，退又退不回去。往往事倍功半，煮成了夹生饭，以便能够为朝廷所用。

那几千年如出一辙的继续操纵，否极泰来，当事者们的心态何其相象，似乎又会归于向内的运作。

我们总是用曾经的过去，缠绕着可能开始的未来。某件事还没有开始，就担惊受怕瞎起哄，似乎已经预先看到了其结局。就像那传说里的文王演绎《周易》，卦与卦的关系，是间歇的，独断的，跳跃性的。打一卦是某人宿命的小循环，排八卦，是众多群体起伏跌宕的中循环，演义六十四卦，是天地人之间大循环。

回顾过往，在那没完没了的复制里面，摆弄玄虚，望文生义地解释卦辞，踏着历久弥新的节奏。

时至今日，真正推动转型向公民社会，才能主动走出这种周期性的循环。

第四章　争当奴才

在华夏,这个推崇等级排列的社会里,渲染着制造掌权者神秘感的氛围。使每个活着的人,面对实际的等级关系,不得不低三下四,丧失了自尊心。掌权者就是要跟随者心灵闭塞,一面倒的喊着叫好,得意于那一片喝彩声。

这与保障法律面前人人平等,成为自主行使权益的"社会公民",全然走着相反的道路。

具体到某位私民,他的生存,作为表演性的手段,就是刻意"做"出来,充当着某种角色,供上级随意使用。

1. 老想做"人上人"

众多私民,参与形成着"主子-奴才-奴仆"的实际关系。

设身处地去观察,某人被当成奴仆,是存活于被欺负的状态。而为了能够取得"做"奴才的资格,则是具有了特定的心态。那就是一面被人欺负,同时又去欺负他人,充当着主子的帮凶,在身为奴仆之时,当了一回"人上人"。为此,只要主子认可了的事,急功近利,忘乎所以,直奔主题,无所不为,甚至表现的更出格,更极端。

在崇尚不平等,津津乐道于级别高低的排列里面,都要做给谁看呢?上级与亲朋好友。为讲究人活一张脸,树活一层皮,各位私民,总要顾及自己的面子,太在乎有了一些脸面,看起来能够光鲜亮丽。打从降临到这个喧闹的世界,众人生来就作为向内运作群体的成员,在相互之间,做着比较,老想着能当人上人,计较着谁高谁低?

从小听从长辈与大人物的教导，过分在意和顾全自身的表面风光，很少能够有不一样的见解，或者真正持有自己的想法，生怕那样会与众不同。作为私民，常常怀着莫名的恐惧。他担心自身的某些言行举止，会被责难，唯恐与周围的人群脱节，害怕自己单独去负什么责任，老想有了好处能沾些光，尽可能地人云亦云，好事来一份，跟随着大流。

为自己生命本身而努力，还是一辈子围绕等级排列，膜拜权势，勉强活着？

在幼小的时候，谁都懵懵懂懂的，是自然而然的人，单纯。

懂事后为特定关系活着，是刻意为之的人，繁杂。

本来，一个人是应该有些底气的。无论其他人有什么看法，或怎么说，那是别人的事情，并不意味自己一定就要那样办，应该有一些见解，遇到事情，能够自己有观点，拿主意。

然而，就实际的生活情景来说，许多人只会跟随上级，在吃喝、当官、发财、挣面子方面，倾注了所有的精力。众多私民，处处着眼于日常交往的层面，企求得到上面来的恩惠，照顾眼前的利益。不管形势千变万化，所有的气力，还是耗费于当下及时行乐，吃到肚子里，弄到家里来，风光有面子，潇洒这辈子。至于较高的精神层面，真的不太会去关心，基本上是忽略了。

打开国门之后，我们看到了其他国家的情景，见识了那里存在着的真实人生。在那里，每个人在日常的衣食住行活动之外，会有自己的追求。"人不能只为食物活着"，超越了琐碎的简单应付。人生而平等，具有独立的权益和责任，追寻自身价值，主动参与，积极应对各种突发事件。大家都听说过麦哲伦环球航行的故事。麦哲伦在率船队出发后19个月时，就突然去世，几次按程序推选出的船长又再亡故。在那265位街头招募来的各色人等里，仅剩下了18个人。出发时的五条船，就剩下一条严重渗水的船，满载着香料，又经历了17个月艰苦卓绝的航行，终于绕地球一圈，在1522年9月回到出发的港口。毫无疑问，参与此行的每一位船员，都是充满主动精神的个人。

相比而言，那些只会消极应付的私民，活着的目的，就是处理好当下相互间关系，不会超过早已熟悉的范围，不可能有什么独立的想法和做法。他关心的内容，尽可能听从上级的差遣，有什么具体的要求，就尽力跟着做什么。

这样，多少私民，算计着点滴实惠，缺乏获得自由的渴望，缺少培育健全人格的向往。只要是能够直接带来利益的事情，怎么说都是理由，几乎不存在任何底线，啥事都会放手去做。

"身"在本群体里面，有太过同一的需求，有充当"主子"或"奴才"的渴望。几乎一模一样的成功标准，盯住同一个好位子的人，实在是太多了，那些有利可图的职位，不够分了。似乎你的得到，肯定就是我的失去，引发了无休无止的得失算计，暗里较劲，还都打着冠冕堂皇的旗号，一门心思，指望能走个捷径。

"心"已经交给主子去管理，去定调子。要尽力去做"奴才"，办事就得按照传统的要求，关注的就是某个人当下的输赢，并不在乎事情本身，有什么是非对错。

评价事物的标准在于，是否马上能带来效益，会有哪些好处，能挣到面子，又捞些实惠，亲戚朋友还能叫好。不管遇到什么情况，如果相关者都在这么办，听说某某大人物，也这样做了，那肯定得跟上。自己的生活，早就被当作一堆人情往来的附属物。

争"做"奴才嘛，就是要求得上级的认可，要按照给定的套路去做。

由此，成为奴才者，都要选边站，排好队，尽可能靠拢权势，都是在演戏，都是在竭力做给头儿看。奴才们狐假虎威，管着他人，同时又被上级所管辖，区分人上人下，没完没了，绝无平等说话的可能。

如此局面，就是争强斗胜，做出来的结果。

2. 绝无平等的奴才

在社会生活里，应该怎样"做"人？

按照公民社会的基本规则，天赋人权，那应该是每个人发挥各自的能力，积极投身经济和文化的有益活动，维护和行使宪法赋予的各项权益，主动参与社会活动。

如实观察，身为私民，生而不平等，在各类社会活动里，无法成为独立的权利主体。具体到每个人，要么做主子，要么做奴仆，成为了一直以来的惯例。

夹在其中间的，就是有意识地，争取"做"那能够得到某些实惠的奴才。对现任的上级来说，他是个能干的奴仆，是听话的跟班随从。对更卑微的奴仆而言，又成为了主子，能捞到一些好处，有各种灰色收入，表现出充当奴才的"小人"品性。

为争取做成奴才，某些私民，极具功利心态，特别的卖力，就是要踩着其他奴仆的身心，往上爬。他们照搬传统的老办法，"做"人的向往，就为得到某个级别。要符合那角色的要求，处理好相互间的关系，能够尽快地靠近靠拢掌权者，求得升官发财。最好能进入官府里面，或在有保障的单位里，担任某一级职务，把方方面面的关系，处理得当，得到享受优惠待遇的资格。

在熟知的生活状态里，重心围绕着级别高低，其他都只能算小事，一味追求眼前升官谋利。就是做奴才，还会细分为多少层级，一级管着下一级。对上奉承拍马，对下指手画脚，神气活现。

某些私民，还在起劲地贬低现代文明，敌视主张平等的价值观，好像真有那技高一等的本民族特色。

在传承至今的观念里面，等级分明，某个人就得接受来自上级的训导，在非黑即白的简单归类里，好走极端，不知反省，道听途说，谩骂诅咒，凡事虎头蛇尾，不求甚解。

受到各式各样的政治运动的裹挟，多少私民，在那人为发作的反复折腾中，被迫强求想法说法一致。他们在口称"灵魂深处爆发革命"，"狠斗私字一闪念"里面，学会了糊弄、戏说与作假，相当彻底地摧毁了儿时的真诚。剩余不多的良知，也已消耗殆尽，在冠冕堂皇的口号下面，用于无所顾忌的传播小道消息，勾心斗角，分取利益。如同一百年前鲁迅所说，各类史书记载的故事里面，就是教导后代，如何"吃人"，同时也被人吃，还以此为乐。其结果，是人人互害，没完没了，卷入了恶性循环。

某一个时期，上面这样说道，作为私民，就照样去做，下一个时期，口号变了，赶快跟着转向。既然第一次这样跟随了，哪么第二次、第三次……以此类推，几次转下来，脑袋早就被弄得晕乎乎啦，分不清东南西北了，不得不继续跟随着！

近朱者赤，身为奴才，用不着自己去思考，压根没有什么见解。龟缩在某个角落里，谁也理不清楚头绪，说了也白费劲，甚至会带来灾难，提了不同意见，会被另眼相待。

如果违背了上司的指示，你就不可能得到关照，一旦上级给你穿小鞋，或设置点障碍，你几乎肯定会处处碰壁，里外不是人，身边的人，都会没事找事地为难你。设想一下，如果连"做"人，都失败了，大家都不再理睬你，就是家里人都会厌烦和埋怨，内外交困，心力交瘁，哪里还会有什么光明的前途？

剩下的，只有那处心积虑的私底下算计，在彼此够得着的小圈子里面，争夺点点滴滴。会有无数的计谋，运用小聪明，获得眼前实惠，打听张家长李家短的传闻，忙到不亦乐乎。

如此这般地"做"，吞噬了每个人的精力，使其生命，成为了官场规矩的牺牲品。参与者不再去追求自身合法权益，不再关心自己生命的真实存在，混过算数，如旁边的人都叫好，就会更加起劲地去做跟班。

作为私民，不会争取成为权利主体，却是围绕"主子-奴才-奴仆"这个套路，在低层次里面徘徊，全心全意，满足于表面上的风光，老是事后恍然大悟，一次次地交着学费。

只在乎能否"做"到上级满意，却毫无真情实意，根本不关心自主发展，缺乏诚实善良的追求！

3."做"奴才是一场空忙

把做人的成功标志，偏执的归结为做成了主子，或者主子身边的奴才，能够管着其他下属。不然的话，似乎做人就失败了，就是被他人管着啦。其实，当主子，或做主子的跟班，前提都只能是，延续赤裸裸的权力依附关系，都在经历着管管就死，一放又乱的瞎折腾。

多少私民，以为努力地"做"发达了，得到任命了，就能够左右逢源，坐享其成。其间，仅仅靠自身的努力，还是远远不够的，那需要走通各式各样的门路，曲径通幽，左道旁门，老实的玩不过耍心机的，通向金字塔顶端的门缝也很狭窄。天时、地利与人和，也讲究机遇，时不我待啊！

为什么对大多数人来说，这目标总是水中月，镜中花，往往轮不到自家？做起来仿佛是虚虚实实，稍经思索，又好像没有把握了。已经得到高位的，比上不足，比下有余，瞅着那些不如自己的人，根本不会拿正眼瞧瞧。总想逮住机会，去谋取更高些的级别待遇，关键是紧跟某一位领导，投桃报李，编织成有利可图的关系网。

离开了具体去管束他人，或者被管着，奴才们都没啥事可做，心里都不踏实了。除了比较相互间的级别、待遇，把管束他人当作成功，除了越来越迫切的急功近利，对其他事情，都提不起什么兴趣。

现实正在加速变化，进入了互联网、大数据与物联网时代，需要有新的眼界，充满自信，诚实善良，健康向上，做自己生活的主人，才是当今人们必须争取的。

有了自觉的努力，摆脱了种种外来束缚的人生，也就不必太在意阴差阳错的偶然得失，而去培育积极品格，努力实现自己的理想，会去帮助有困难的人，过有意义的生活。

有信仰，有追求，有主动改进，人生具有了精神追求，有了立体层面的成长，层次会丰富起来，将各展其长，各得其所。新的思想观念传播，相互之间的联系越来越密切了，交流更为直接了，进入那全新的境界。

观察实际情况，为什么还有相当多的人，成天忙碌于吃喝玩乐，满足于低层次需求，寄情于光怪陆离的偶像崇拜？老是想投靠"大师"或大人物，乞求得到保佑，还在指望用某种交换，捐了款，修了庙，重塑了菩萨金身，就立马换回来什么好处。

为什么把精神需求，当作可有可无，光惦记着级别和面子上的光彩。今天这样说，明天那样讲，全然无所谓，在直接联系里，一味争夺，两败俱伤，无法去理解光明磊落的进取。

缺乏自觉的追寻，就只能当缩头乌龟，在天生的"宿命"里面，谁也说不清楚，遭遇如同《红楼梦》描述的那个境地。置身贾家的"荣府"，多少人都在起劲忙活，荣耀是短暂的，莫名其妙的，金玉其外，败絮其中，富贵来得快，去得也不慢。后来的结局，一定是那做奴才的下场，为他人当了嫁衣裳。"飞鸟尽，走狗烹"，待到食尽鸟投林，落得白茫茫大地真干净。

围绕如何争"做"奴才，演变出来的种种把戏，从根本上束缚了私民，限制其身心发展的可能。那扭曲的心态，被迫的服从，老是去投靠主子，摆弄着关系网，盲目计较着身份，地位差别，永远是忐忑不安，绝不会有真实的心平气和，意气风发。

一切就为了今生今世的升官谋利，这一长辈熟悉的套路，还笼罩着现今活着的人们，老是在其中兜圈子啊！真正的社会活力，反复被消耗，曾经有过的某些良好美德，遗失殆尽。

为什么每隔一段时间，就会莫名其妙的折腾一番，大乱一场？在那些向内运作群体里，成员们借助体制的惯性，花大气力，动作频频，闷着头谋虑策划，弥漫着那争"做"奴才的氛围，每走一步，又算计着下一步。

置身其间，聪明能干者，会有太多的抱怨，会觉得自己吃亏了，得到的待遇还不够。人比人气死人，怀疑又被他人陷害了，都要去继续"与人奋斗，其乐无穷"。就算某些个强者能一马当先，暂时压住了阵脚，形势一变，又会由更为得势者，来大展拳脚了。

　　假作真时真亦假。

　　那些依附权势者，都很忙啊，仿佛都在用别人的东西，管别人的事情，还得由别人来买单，争权夺利的内耗太多了。只为自身有了面子又风光，能够当上了官，荣升一定级别，坐享荣华富贵，那就算心想事成。

　　在自己的一生里，就为了演出一场接着另一场，反复折腾的戏文吗？某个人能够穷尽的目标，似乎只剩下再接再厉，紧紧盯着，能"做"到高一些的级别，得到某个职位！

　　由此形成的结局是：得到了某一级别者，使劲运用权力，哪一天也有可能会翻船。没有做成"奴才"的众多私民，干瞪着眼，有满腔的无名愤怒。到头来，又将时时计较的烦恼仇恨，言传身教给了下一代。

　　一味贪图等级高低，以那样的心态去"做人"，陷入那争当奴才的沼泽，就是糊里糊涂的一辈子。那般活着，就是一阵瞎忙碌，一股股短暂冲动，执迷不悟，自我麻痹，井底之蛙，自吹自擂，是非成败，转瞬成空。

第五章 挂在嘴边的"仁"

中文"仁"的本意,源于每个人的内心,乃心地善良的自然流露。这是对他人的发自内心的关爱和尊重,蕴含着相互间平等,尊重他人的内涵,原本是普遍存在的良知良行。

而用于口头宣扬,费尽心力做出来的"仁",完全改变了其本来含义,被作为某种道德符号,贴上了标签,经人为操作,添油加醋,成为了刻意为之的表演,仁的本来涵义,已经被曲解了。

这里要讨论的,正是做出来的,额外被增添了色彩的"仁"。

1. 纳"仁"于礼

从什么时候开始,"仁"被大声嚷嚷地用于表演?

那着意呈现,做足表面功夫的"仁",经过增色加彩,被说的越来越玄乎,已经变成了某种做秀。由具体的,特定的主导与服从关系,以其间的强势与柔弱,恩惠和接受,替代了某个人的真实需求,用方方面面的规矩,来限定某个人的生活轨迹。

《论语》里有58个段落提到仁,出现了109个"仁"字,每次都有不尽相同的含义:恻隐,慈爱,温和,或者以天下为己任,忍辱负重……分别地表达了多种说法,有着不同的侧重点。

什么是最为正式的表达呢?

孔子以为,克己复礼为仁。

从《周礼》出发,在纳仁于礼的过程里,用"仁"来充实礼乐制度。人为地区分身份高低,强化着生而不平等,或尊崇,或卑微,等级森严，并使之固定下来，延续下去，分而治之，驯服各位，低成本地加以操控。任由居上位者欺诈与强制并用，在下者必须做到温顺谦让。

这样只重虚礼，用某种特定标准的"仁"，取代了应普遍存在的个人自由。使本来正面的"仁者爱人"变味了，附加了身份差别，局限于血缘亲属，权衡其间利害，多关照亲近的自己人。这般注重私底下关系，比较等级高低，替代了人格尊重，一视同仁，完全扭曲了"仁"的本来内涵。

由此，某个人应该全心全意地服从，对既定的各项礼仪规矩，三六九等，必须照办。要以此来约束言行，平衡心理，才能够算是仁了。所有的人，都成为了"仁"的某种表现手段。

膜拜朝廷礼仪，就要依照明确的等级制度，把诸侯臣民们，按照高低贵贱排列，各自依其身份划分，有了无比详细的言行禁忌。能吃什么样的饭菜，穿不同颜色、质地、花纹的服饰，出行用几匹马拉车，拥有多少位歌姬，住什么规格大小的房子，决不准逾越，或超过既有的规矩。

强行按照"非礼勿视，非礼勿听，非礼勿言，非礼勿动"的标准，来进行规范和对照，依照统治者的需要，反复强化着身份等级，讲究尊卑，一条一条地加以对照，美化着懦弱的顺从。

被强加的观念，化作了约定俗成，在许多人的津津乐道里，说到外表的仁义、仁慈、仁和、仁政……不言而喻地，即是特定长辈关怀晚辈，强者照看那些弱者，治理百姓，后者亦当知恩图报，表现出相应的心悦诚服。

通过施予和承受，"仁"已经附加了诸多伦理的前提，认可那些群体里既定做法。使具体的某某人，依据当事双方的情绪变化，被包容在具体的依附关系里面。

"仁"在那里？从字面上来看，似乎就在于相关的两个人之间。

长期以来，我们提及什么话题，往往马上对号入座，联想那有着特定身份的张三、李四，活在某个群体中，是单位里的上等人、次等人、下等人，待遇各不相同。

当人们按照各自群体里的地位高低，处理与他人的具体交往，就会遵循各种礼仪规定，期盼由"仁政"来关照。

那种情景，看起来似乎稳妥，可以坐等着其他人来照看。如果这种劝说，强迫你按某些要求去做，条件是放弃自己的想法与做法，或者根本就别去思索，可就不见得美好了。

"仁"的标准由谁来定？

在具体生活群体里面，必然维护着已成的主从关联。那种"做人"的模式，由既定上下左右关系，来充实某个人的生活内容，其间施予和期待相衔接，确定了其地位和义务。

每件事该如何办，合符道德与否，似乎都在等待直接上级发话来确定。

如何做，才能得到"仁"的评价？落到实际的人事关系里，完全依靠上级与长辈的褒贬来确定。

作为家族成员，某位私民，一旦降生，就作为一连串相互关系的附属物，量身定做，被填入了某种微妙联结。他开始实习如何表演"仁"的技巧，以相互之间的复杂关联，填塞了自己的生活，封堵了走向其它路径的可能。

2. 分等级的仁

仁，可以服从于"礼"吗？

作为私民，会认为当然可以。

克己复礼，讲究血缘关系，尊卑贵贱，等级分明，刑不上大夫，众多草民，都会归为三六九等，沦为工具，尽可以用来驱使。

抹杀个人自身价值和尊严，浑浑噩噩，被用来充当着某种"仁"的表演者。

在自身卑微苟且的生活之外，多少私民，根本无法设想，还会存在完全不同的其他可能性。

近代打开国门以后，国人慢慢地开了眼界。通过与不同文化，不同民族的比较，看到了那以人为本的生活方式。

在那里，仁慈作为美好的情操，建立在公民个人权利得以伸张的基础之上。建立在相互尊重，独立人格基础上的公民社会，全面保障个人自由，谋求发展。那里自然流露的仁爱，是我们从来没有真正进入过的状态。

历代私民，从来没有体验过真实的平等，从来没有过以人为本。炫耀着的，还是那等级森严的，做出来的"仁"。

每一群私民，只能等待着被强势者来塑造，评价是否符合了那传统尺度，如何向唯一标准靠拢。置身拥挤的人群，如何顺从周遭的既定权威，协调好其间关系，那一团团特定的恩怨得失，将伴随着某人的一生。为了保持表面光彩，多少人学会了顺应，削足适履，言不由衷，掩盖恶行。

缺乏平等公正的大环境，遇到什么事情，全都由强势者说了算，其余人凑凑热闹，草率的鉴定好人和坏人，谁又是害群之马。在文化大革命中，刮起的红色风暴，就诱惑逼使懵懂的青少年们，对随意钦点的"阶级敌人"决不仁慈，痛下杀手，不再讲人性，具有同情心了，做出来的事，完全是"己所不欲，务施于人"！红卫兵们，在震耳欲聋的革命口号煽动下，草菅人命，蔚然成风，肆意妄为，痛快淋漓，不知不觉地成为了暴徒，疯癫狂妄者，打砸抢份子。

众多私民，在身心封闭的氛围里长大，只能以显赫的人物为榜样。某一个人，表现为相当的无助和无奈，够得着的范围很小，为追求能有些"面子"，为了保住有吃有喝的日常生活，目标是眼前的、众所认同的——功成名就，荣升晋级。为此不择手段，没有任何的底线，努力走个捷径，投机取巧，强化着等级关系。被上一级欺负着，又去欺负下一级，从已经被固化的某个身份出发，努力获取一定的级别和地位。

越是缺乏，越要大肆宣传。在"仁"的外表下，某个人的生命本身，却变成了陪衬，转成为某个职位的装饰物、点缀品、寄生体，可加可减，无足轻重。

3."仁"治

在自成"天下"的九州，每一位私民，自幼年起，还来不及从容成长，独立思索，就融入了既存的复杂人事纠葛里。周围的一切，都容不得求真求实，仔细分辩，似乎都是流传久远。需要做的事，就是尽力跟着走，努力混的好一些，侧身于浓浓密密的接触中，全身心于所在群体里的关系。

外表的仁，不容分说地，把某人纳入既定的社会关联。在士、农、工、商的身份等级差别里，使之成为其中的一个角色，某一组成部分，一颗螺丝钉。就是原本应该得到的东西，也得经由顶头上司的手，有仁有义，讲究名份地来恩赐给你。

正是从小就背负着沉淀下来的各种关系，接受着填鸭式的教诲，对哪些权势者感激涕零，顺应服从着周边的关系，把可能会有的不同意见，消弭于萌芽状态。

外表的仁，经历数千年的演进，为既定等级关系服务。生而为最大单一民族的成员，人口众多，凡事服从，在贯彻传统礼仪的前提之下，仁被视为核心的道德伦理规范。

你我从小就熟悉了"忠"、"孝"观念，尊崇天、地、君、师、长，似乎先天地就占满了幼小的心灵，那样不假思索地来做了，才算是"仁"了。

忠，是对上级，对级别比你高的人而言。出于具体的社会地位，面子大小都是上级赏赐的，必须全身心地维护尊卑，期待着被"仁政"来关照。在活动的每一场合里，都有哪么多人陪伴你喧闹。任何孤单的人，若不从属于某个特定群体，平日里没有去说相同的话语，做同样的事情，就被视为不正常、不道德的人。遇事服从并跟随，才能与上级保持一致。多少私民，被生活折磨，越来越"安分守己"，其实那整个社会环境，已经越来越专制。

孝，就是家族里面的父慈子孝，似乎生来就亏欠了长辈的养育之恩。正是在此关照下，某位私民，慢慢的长大了，可长到再大，回到家里，还是被关照的晚辈，是心理方面，没有成熟的幼童。在每一件日常琐事里，由亲情滋润着，做个听话的乖孩子，归结为顺和从。传统以为多子多福，儿孙满堂，"打虎亲兄弟，上阵父子兵"。亲情把人们聚拢在一道，以至于无论走到那里，老乡遇老乡，两眼泪汪汪，通过攀亲叙友，在不经意间，就能联结成某种关系。

家族和朝廷，就这样直接合二为一了，成了生命的出发点和归宿，就得推崇愚忠。如对其中有任何疑虑，都是要不得的，越是对家族、对上级、对官方认可的事情全力以赴，贡献力量，越是会被身边的人赞扬，家与国的至高无上，不言自明。

越到后来，对"仁"的过度解释发挥，就充满了服从听话，走老路的情结。

既然大家身处在拥挤的环境里，为处理好相互关系，天天谨小慎微，如此的忙碌不堪，领会上面提出的响亮口号，那被灌输形成的种种说道，完全替代了个人去认真思索。居于官位的，似乎理所当然地被称为仁者，顶着耀眼的光环。

作为私民，在围城般的圈子里，企盼着关照，全盘接受那小小的恩惠，弥漫性的恐惧，莫名其妙的迷信。这样一个又一个的小圈子，通过具体的密切连接，层层放大，遍及了更多的人群。

你想不服从吗？看看那古已有之的榜样吧。

按照《荀子·宥坐》的记述，公元前496年，孔子的教师同行，那个有着不同见解，闲话又说个不停的少正卯，就被从严处置了。刚刚就任鲁国司寇七天的孔圣人，为了能够稳定大局，以官府的名义，宣布了其有五条"非礼"的表现，也就是宣扬不同说法的罪名，亲自主持仪式，加以诛杀。还要以此警告民众！今天杀了他，看起来不讲情面，却都是为各位好！在这唯一的仁和大局面里，竟然还会有不够一致的想法和说法，太可恨了，非杀不足以平诸位的心头之恨啊！

自古以来，任何朝廷宣扬的事情，看起来壮观宏大的事务，不问青红皂白，都具有强迫性，会标榜那"仁"的旗号，老百姓必须为之效忠尽力。如果哪位软硬不吃，竟敢说三道四，官员就会立马翻脸不认人，叫他吃不了兜着走，让他做不得人了！历来的仁政，都停留在口头上。

置身标榜着"仁"政的环境里，上级认可的一切，就成为了鉴别是非的标准。对此，绝大多数人心安理得，听之任之，似乎看得起你，才来管教你，就是修理你，也是为大家好，会得到众人拥护。那铺天盖地似是而非的说法、口号，众口一词，构成了存活的依据。谁要真有本事，就去当个"仁"政的说教者，努力占取高一些的位置吧。

仁的标准，是大人物定的，"仁"治就是人治。

如果有谁，没按通行规矩去办，就可能被取消继续"做人"的资格。

舍身求"仁"之际，所有的私民，都被挂在嘴边的"仁"代表了，同化了，淹没了！

4. "仁"浮于世

在标榜仁政的环境里，每一个幼小的生命诞生之时，其生活的天地，就被框定了，每天只会听到差不多的话语。在被长辈呵护训导里，他别无选择，只能予以配合，全心全意地融入身边群体。

他应该十分在意吃喝，见面时相互问的是"吃过饭了吗？"过分注重口腔味道的享受，会一辈子"民以食为天"。食不厌精，成为多少人的日常功课，他们对人生的理解，往往直接等同于吃喝玩乐，身体的感受如何。如果连吃喝玩乐的事,都被给与了关照,就算是仁至义尽了吧,就看当事者识不识相,有没有俯首称臣,让领导施"仁"政了。

你吃过什么?这个天天遇到的问题里面,有没有吃过肉,喝过酒,吃到什么高档酒水与食材?和哪些人一道吃?酒席之间建立了什么感情联系?如果能与某些大人物同桌,又拉近了关系,达成了某些私下的交易,那就再好不过啦!

你当上官员了吗?就此来评论和判别某人的身份高低。尽管历来有出国热,科技人才热,有全民经商热,但万变不离其宗的,还是当官热。官场,乃行使"仁"政的上佳场所。人人都想走个捷径,胜券在握,特有面子又照顾好自家老小。当上一定级别的官员,那明的,或灰色的好处多多啊。

作为私民,努力的目标非常实在,就是要在既定的仁和关系里头,得到面子上的肯定,情感上的依附,稳住已经得到的一切。随着年龄渐长,地位有所上升,有可能的话,就能坐享当官,或靠拢权势的乐趣啦。

你在每一时,每一地的活动里面,如果太过认真,往往就会卡壳了。通行的就是妥协、通融、开后门、礼尚往来,给个方便,走捷径。每一个巧妙拉关系的人,符合外表的"仁",又在用闲言碎语,以此去勉强周边其他人。

多少私民,心思耗费于喧闹,脑海里充斥着身旁琐事,维持外表的"仁"。当事者的大脑,早就停止认真思索了,不再有是非心了。对实际遇到的麻烦,一再掂量着,求情消灾,花钱摆平。如果要独立地去判断谁对谁错,那不过是凭空增加了自己的苦恼,怎么都说不清道不明,枉然增添身不由己的感叹,还是睁一眼闭一眼为好。

从幼年时的早早开窍,到一切了然于胸,庸庸碌碌,归结为表面上的仁义关系,仅仅对眼面前的利益感兴趣。一旦你遇事斤斤计较,两两计较,分毫不差,没完没了,就不再有丰富的生活情趣了。一定会大事糊里糊涂,只剩下聚集在一块,说长道短,吹毛求疵,剪不断理还乱，见诸为情感联结，止步于各式各样的实惠好处。

那些已经成功者，就是要推崇"仁"的面孔，维系住既定联系，方方面面能够兜得转，为人师作楷模，被众人所仰慕。在辉煌的阳面下，照样有自己的阴面，却能够显得若无其事，又没被其他人拿住什么把柄，便被称为成功者。

多少事都是做给别人看的，翻来覆去表演着，就像那富丽堂皇的传统剧目，熟悉的老戏文，代代传承演唱。

谁都是在演戏啊。

标榜着仁者走遍天下，得势者都在忙什么呢？就是具有光鲜的外表，能够左右旁观者的感受，把阴阳两面都照料妥当，看起来忠孝都能周全。为跟定了的父母官，鞍前马后，日夜操持，全然依附，唯恐有什么闪失。

《老子》里说的很明白：大道废，有仁义。

在人的内心纯朴，顺应自然德行的时期，用不着特意去标榜高尚情操。在法治社会里，法律保障个人的基本权益，也用不着处心积虑，去说那么多装饰门面的大话。

为了维系某种"仁"的外表，看起来和谐重于一切，不问过程只求维持已定格局，得以稳妥乃是最好。以权谋私，世风日下，才需要满口仁义，假话连篇。什么事情都扯到一块，烩成一锅，表面看，上面怎么做都有理由，再没有人敢于发表不同的意见。

透过那些时髦的名词，要直接说出事实真相，后果会很严重，还是继续表演好"仁"和关系吧，心照不宣的下属，就会扮演那些被派定的配角。

面对此情此景，参与者们，都努力走捷径，摆噱头，急功近利，装点门面就好。恪守诚信有什么用？真要有谁讲究诚信，在各种场合里心直口快，实话实说吧，会使周围的人觉得怪怪的，还是置身当下，既热闹，又能真伪莫辨，调和阴阳。

外表的仁，标榜着某种标准，是稳固了的强者与弱者关系。多少事情，借助仁的名义，会以笼统响亮的口号，放大那上面来的关照。

参与者们就会为眼前的实际利益，去下功夫，那些被关照者低三下四，"坐轿者"高高在上，成为了趾高气扬的父母官，慢慢的成了多吃多占，被宠坏了的官老爷。

坐在位子的上等人，当仁不让，舒适地享用着无止境的供养。羊毛出在羊身上，能从到手的税费收入里，多少拿出一部分，接济一下百姓，他们就应该感激不尽啊。

改革开放以来，我国发生了不少变化。然而，深层次的结构，依然是那样的沉重。

多少官员，还是周旋于暗箱操作之中。嘴上说着合符"仁"义的词语，为了看起来令人耳目一新的口号，会讲的堂而皇之，流光溢彩，修饰外表，接着，该干嘛还在干嘛。

实话实说者，仍旧被讽刺，被挖苦，被冷落在一旁。

凡事只会在表面上争个高低，太着意外部看起来的"仁"，偏重于外表的摆造型。在作为某单位成员的一辈子里，曾被关照过的经历，正是绝大多数相关者，津津乐道的话题。那具有神秘感的权力关系，笼罩着多少在其中熬资历的人啊。

5. 有多少仁，可以重来

谁都只能经历一次人生。

是做前人的影子，继续充当私民？还是努力推进转型，成为社会公民，去经历与长辈相当不同的社会活动，这值得每一位年轻人认真思索。

根据统计学的推算，对应于现今每一个活着的人，都曾经有过上百个前辈。这样，曾经活过的汉人，大约超过千亿之多，在"畏天命，畏大人，畏圣人之言"的环境里，多为外表的"仁"，添加了某些注解，仅仅是数量上的累积。每个人的生命质量如何呢？似乎都在祖祖辈辈定下的框框之内，重复着兜圈子的状态。

如果没有现代文明的影响，吾辈亦只是先人肉身的接替者而已，每隔几十年，又来一回自然意义的交替。若都还是工于心计，运筹得当，谋求占取一个较为优裕的待遇，回避自身人格的培育和成长，看起来是走了捷径，却再一次重复了既往。

继续以外表的"仁"作标准，在每一具体的场合里，上智下愚，把世人当成被修理的对象。没有自己独立思考的人，仅仅在模仿别人的生活，父辈的生活，至多是官场里面的活动，更高级别官员的活动。

众多私民，都被口号式的"仁"定位了，等待着被照顾，被提携使用。谁都无力积极参与改变，只能是顺着大流，慢慢地流淌下去，把难办的事情拖下去，混过去。在自相缠绕里面，上一代行那外表之"仁"，下一代人还在继续表演。

每到关键之时，实在拿不出什么好的办法，一味搞政治运动，政治挂帅，迟早再回过头来，实施外表的仁。为了维护既定关系，拖住了所有的人，以此来谋求当下的好处，依然会有数不尽的清规戒律，条条框框。

回顾既往，因循守旧的治世能臣，可是相当多呢！他们早把可能的出路都想过了，你就是再会演戏，如果还是沿袭老套路，恐怕也变不出多少新花样。

每个人都有重新开始的机会，那就是把握住今天。

在华夏文明的转折点上，我们有幸在开启未来，为后来者开辟新的道路。

充分成长的每个人，开发着无限的可能，那正是华人最大的潜力所在。勇于创造的新生代，不再仅仅是上一辈的简单重复，而能够代有更新。

外表做出来的有"仁"有义，曾经长期畸形，泛道德化。那被用于维持等级，为列祖列宗所推崇，也曾经同化涉及到的人群，似乎以柔克刚，自得其乐。

来到今日，那几千年维护正统的黄粱一梦，难以再续，终于真正惊醒。

理性面对"地球村"里发生的事情，真正做到"仁者爱人"，才能"己所不欲，勿施于人"，对他人有发自内心的普遍关爱，努力成为自由自尊的社会公民，行真心实意的仁爱。

第六章　思想被零碎

你如何思想，塑造着你的生活。

在现实的生活里，你能够培养健全的理性，运用逻辑思维方法，独立地思考和分析，争取过有意义地生活，也可能由于思绪被引入误区，偏执偏见，就那样零打碎敲地活着。

1. 支离破碎的思绪

能够用大脑思考，是人区别于任何其他动物的特征。能够自由地思想，是一个人生命质量提升，具有创造能力的源泉。

柏拉图以为"思想永远是宇宙的统治者"。在每个人的思想境界里，能够认知世界的层面，的确相当不同。

作为名副其实的公民，一个人就是自觉的活动主体。他有着与生俱来的头脑与身躯，能够开启智慧，独立思考，运用言论、出版、结社的法定权利，去展示其自己的思想，放射出生命的光芒。当他阅历丰富，走过各式各样的弯路或回头路，通过认真思索，加深对自身，对周围世界的认知，就有可能形成比较完整的见解。

个人生存的数十载春秋，可能因为其思想深刻而影响众人。他通过感受周边事物的丰富现象，经过判断，推理升华，成为意志，跃上了较高的一个层次。当他通过探索客观规律，将逐步扩展的思索，经过提炼，具有了深度和广度，并给予充分表达，将会促进其他人的积极思考，成为人类宝贵的精神财富。

一旦失去独立思考的能力，某人的生命必将萎靡，残缺与堕落。

如果从小就被灌输去说假话、空话，会一辈子局限于片面的认知，盲从盲信，虚度年华。

众多私民，从何时起，失去了宝贵的独立思考能力？

从秦王朝建立极权专制开始。

在春秋战国时期，群雄割据，各有千秋，诸子百家，流派众多，著书立说，精彩纷呈。置身较为自由的状态里，各诸侯国的志士仁人，从常识常理出发，热情奔放的思考，各式各样的学派争论，万物霜天竞自由。如果各方竞争的趋势持续不断，应该会有一个良性互动、丰富多彩的展现。

偏居西北的秦国，本来就比较落后。秦始皇使用极端暴力，灭六国一统天下之后，如何长期控制原先文化较先进的区域？就成为了其念念不忘的头等大事。为了达到自己一家子孙，能万世传承，他快刀斩乱麻，采用了全面紧逼的方针，把百姓的言谈举止，纳入行政管理范围，为使所有人彻底臣服，就是要统统管制，严加整肃。

逐步控制所有的私民，把他们的大脑，也当作了当下行政权力的附属品，而且必须按级服从。只要降生在这块土地上，谁都跑不了，统统圈养起来，严加管教。无数私民，被当作了奴仆奴才，都成了某一级官员的下属，管吃、管喝、管住、管想法，管存亡。

事无巨细，都要由上一级来大包大揽。在管束过程里，经常随机应变换手法，确定下一步何去何从，就是要朝令夕改。这使多少私民，遇到事情，知其然不知其所以然，完全丧失了自己去思考的能力，哪一天撒开手，让他们走，都不知道还能往哪里去啦。

由此开端，通行的政治、文化、经济大一统模式，笼罩了天下苍生。众多私民，为了存活，不过是在依样画葫芦。禁止民众议论关心的话题，忌讳实在多了去了。无数先辈被反复洗脑，不再被允许有自己的想法了，不再有自由发表言论的可能，连脑子里该输入什么内容，都要被预先确定，那一些可以放进去，那一些根本不准知晓。张三、李四们不过作为附庸，精神方面早已经残缺，是某种被阉割了思维能力的肉体工具，缺少信仰，缺欠理性，缺失底线。

为了贯彻上面来的权威说法，那些奴化的下属，全成了无知无识的应声虫。

运用各类暴戾手段，一再摧残着众人的良知，朝廷所做的一切，都伟大正确，是"奉天承运"。在扭曲了常识之后，众多私民，再也不会自由的去思想了。众人从幼年开始，被强迫着干这干那，在不知不觉里，就被切断了自主思考的萌芽，局限于传统习俗和点滴利益，从此过着那零零散散的日子。

由此而来，多少人囿于各种成见，没能学会客观理性地思考问题。附和并套用被灌输了种种流行的观点，接受着杂乱无章的教条，缺乏能够认真思索问题的坚实起点。

没有了真正的信念，多少私民，跟随着日常情绪的起伏，可以毫无顾忌的见风使舵，巧言令色，嘴上讲的与手里做的，完全相反。随处可见的，是相当多的私民，被代表着，只会讲着貌似绝对正确的空话套话，把全部精力，都用于维系够得着的密切关系。

如何开动自己的大脑，如何达成"独立之精神，自由之思想"？对这个人生根本性的需求，却极少有人，会再认真提出来，会受到重视。

有一些私民，因言获罪，因为关心周围之事，有些不同的想法而遭到攻击，因为诚实表达而被排斥。

久而久之，反复被塑造，被逆向淘汰的私民，不再敢说实话，说真话。他们不再会自觉运用常识，却在那种填鸭式的误导里面，自暴自弃。把各种思绪，弄得零碎不堪，用充满偏颇的情绪，去应对问题，全无底线地随波逐流。

那似是而非的层层保密，暗箱操作，加上几多故弄玄虚的时髦口号，零碎的只言片语，断章取义，遇事就和个稀泥，龟缩自保，众多私民，其尚存的思考能力，也被彻底阉割，消失殆尽了。

2. "人整人"的怪圈

回顾往昔，众多私民，祖祖辈辈，生活依旧，历经百代，了无新意。

作为私民，已被圈在了既定群体里面，为了将就着活下去，背负了一道又一道的观念枷锁，耗费着他们有限的脑力精力。那些潜规则，厚黑手段；权谋术数，诡谲伎俩；告密出卖，造谣中伤；罗织罪名，层出不穷；明枪暗箭，防不胜防。稍微有不顺杆爬者，被逮住了，就会往死里整。

那些人整人的卑劣伎俩，从宫廷深处，扩散蔓延到整个社会，使权谋伎俩和暴力整肃，成为了趋势，越来越强化，越来越全面，越来越无处可逃。对思想与言论的管制变本加厉，充分运用了那个时代的技术手段和工具，笼罩着每一位私民，形成了巨大的心理阴影，怀着那深入骨髓的恐惧感。

千余年的科举制度，堆积着诸多八股文、命题考试。每一代文人只能在既定范围内言论，写作，传唱钦定的诗词曲剧。所有的私民，是那般弱不禁风，唯一的前途是俯首称臣，想方设法，努力靠拢官场。

一代又一代有谋略和心机的皇帝，反复清洗着文化艺术界，整肃舆论渠道。史官、诗人、画家、算命者、演戏的、跑江湖的、街头艺人、还在说话的、多少有些影响力的……都在严加防范之列。以病态的心机，没事找事，虎视眈眈任何的风吹草动，加上无数派系间的争斗，捏造、挖掘着莫须有的罪名，文祸猛于虎，文字狱比比皆是。这种情形，一浪接一浪，杀人封口，几乎充斥着每一个王朝。号称风华绝代，赋诗四万首的乾隆皇帝，在当政期间，亲手制造了100多起文字冤案，从严整治，格杀勿论，对待疯人疯语，同样是明察秋毫，绝不放过，在歌功颂德之外，鸦雀无声。

一次次的焚书坑儒，那有些名望的书生家族，被"莫须有"的罪名，灭了九族、十族。每一次王朝内乱或更迭，都在大规模地杀人。我国有十多次人口死亡过半。甚至会出现三分之二，十分之九地被屠杀。国人津津乐道的《三国演义》，群雄并起，冤家路窄，窃取豪夺。从公元 156 年到 221 年，全国人口急剧下降，从五千余万减少到七百多万，不足先前数量的七分之一。在皇上看来，若非顺民，留着就是祸害，为了坐稳皇位，就是要消灭那"多余"的人口。为了保持皇家的威严，就是要滥杀天下百姓，有血性者，一旦被盯上，就被逐个杀戮，以至于越来越罕见，虎口余生的，仅仅是那些尚能利用的奴才。

不听话的肯定要杀，不够听话的也要杀，未竭力拍马屁，可能碍手碍脚的还得杀，再加上连年的战争与饥荒，兵荒马乱，饿殍遍野，瘟疫蔓延……此时能够勉强活下去，已经成了人们最大的奢望。降生在那些灾难年间的人哪，也就是个可以忽略不计的直立动物，不再能安享天年啦，衡量生存需求的标准，越来越降低了。

那生来有质量，具有高智商的优秀大脑，都在苦苦地挣扎，就这样白白活过了。

由此，众多私民，根本不会思想了，不再能够客观如实的了解真相，不能理性地思考人世间的问题了，不会存留任何勇气了。他们叨唠着零零碎碎的教条，痴迷那些僵化了的教诲语句，糊里糊涂，将就活着吧。

在冠冕堂皇的套话之下，那些顽劣小人逞强，虚情假意，闪烁其词，品味越来越低下，遍布社会生活的所有空间。玩弄手段，成为了护身法宝。欲加之罪，何患无辞。为了能够管束你的生存，先要控制你的种种想法。除了被上级认可的说法，任何其他的论述，都不再被允许保留。

在零碎的胡思乱想里，只剩下一些自欺欺人，非理性的亢奋，依附性地生存，得过且过。

生为私民，言谈举止，被列入禁忌的话题太多了，动不动就会因言获罪，无限上纲，身败名裂，祸及家人。甚至全然杯弓蛇影，罗织罪名，污蔑陷害，冤屈累累。

无论哪个朝代的陈年往事，或者正在发生的情况，从掌权者目前需要出发，制定宣传口径，编造出种种虚假故事。多少历史真相被掩盖、被修改、被真假难辨、被众口一词，成为了千古之迷。

秀才、举人、进士们只能在故纸堆里拼凑文章，文人们的所思所想，变得支离破碎。朝廷有高压政策，多少私民，只得消极跟随，迷信宿命，做沉默的羔羊。

独立的思想者，少之又少，身为最庞大单一族群的成员，所有的私民，整个儿被消除了独立思考能力。要表达些不同的念头，就会被再三修理，群起而攻之，弄到千夫所指，无人再去理睬，木秀于林，风必摧之，成为众矢之的。

3. 批量制造愚民

古为今用，继往开来，就为了树立起那个当下的绝对权威。在延安整风、三反五反、反右派运动、"文化大革命"里，最高领袖每次拉拢一些人，打击另一些人。鸡蛋里面挑骨头，引诱和鼓励着相互揭发，书面检讨，白纸黑字，自述其错，自认有罪，上纲上线，各个击破。运用强迫措施，按照下达的百分比率指标，揪出本单位的"坏人"，往死里整。有人说了几句实话，因某个态度不慎而招来横祸，由于一时的表情，或某个"不当"动作，弄到有些想法者，都不得不昧着良心，反复检讨，戴罪之身，生不如死，根本没有活路了。

就是要彻底消灭自尊心，消灭那些稍有独立见解的个人。而对"有奶就是娘"的卖身投靠者，宠幸有加，奖赏无耻行为，胜者横行霸道，放任逆向淘汰，形成了恶性循环。

席卷全国，震撼人心的"运动"，一场紧接着一场。为强化权力，不断人为地掀起"革命"的浪潮，极大地扭曲了尚存的人性，抑制着形成健全人格的任何可能，一次次步入歧途，已经没有了其他出路。为了活下去，众人都麻木地跟着走，坠入那黑洞般的无底深渊。

每一回合的统一认识，每一个群体成员要表现得心悦诚服，完全依从。实际上意味着什么呢？他们不会再有积极振作的思索了，因为不再能够从真实出发，去伪存真，理性地思考问题了！必须从各自的身份起步，盲目信奉小聪明、小手腕、告密与算计，破罐子破摔，争取能比周边人混得顺畅些。他们的未来，与独立思考无缘！与争取发展的机会无缘！

为了灌输和保持对当朝大人物的神秘感，完全割断了对客观规律的认知，片面地拼凑那些牵强附会、张冠李戴的说法。你若不能升官，或者发财，那肯定是白活了。就是要泯灭每一个人的积极思考，极力诱发他贪图小便宜的习性，利用阴暗欲望，损毁个人健全理性，只剩下百般乞求讨好，照样画葫芦，苟且偷生啦。

把那些先入为主、左右逢源的说教凑合在一起，直接破坏了基本的理智。连本来具有的一些连贯性的思路，亦中断和遗弃了，就那样满脑袋浆糊地"和稀泥"，着实浪费了"人这一辈子"。

对哪些被反复清洗过，习惯于紧紧跟随的人来说，偏执的"思绪垃圾"装进去，溜达几圈，添油加醋，又产生出来更多的狭隘见解，偏激情绪。多少次循环往复之后，偏见堆积如山，目光短浅，心胸狭窄，那真相真知，早已不见了踪影。

这种迷茫一旦被定型，众多全盘接受者，再也无力自拔，每次遇到新的问题，完全不会自己去思考问题，而在等待再来一回的被灌输，期待着上面有什么最新的说法。往往最为荒唐的，仔细一想根本颠倒是非，完全混淆黑白的说法，也会有许多人照单全收，又去添油加醋地广为传播。在每一回迟到的恍然大悟里面，指望上级拿出锦囊妙计，赞叹不已，下一回又会继续上当受骗。

受到基本思维模式的局限，谁都言不由衷，不能再往深处想，零碎的思绪，时隐时现，是那样的茫然。能够扪心自问，依靠后来的醒悟，走出这个迷宫者，实在是寥寥无几，屈指可数。

指望与上面来的说法保持一致，毕恭毕敬，保证眼下过得去；或者东拼西凑，认知障碍，左右彷徨，正好扼杀了自主思索的希望所在！

众多私民，全成了拨一下，动一下的木偶，整齐划一，令行禁止。各级掌权者，都在照此修理部下，反复考验忠心。换一位领导，又会策划出一套具体说法做法，"忠不忠，看行动"，本身就折腾的没完没了。

跟从投靠，小道消息，一哄而起，一哄而散，七嘴八舌，热闹非凡，或消极沉默，或者偏执亢奋，从一个极端，跳跃到另一个极端，与能够真正开始思考问题的方向，背道而驰。

在此起彼伏的口号声中，还会有多少私民，能去清醒明了，经过认真思考，去做出独立判断？

当参与者把所有精力、脑力、行动力都用来照料私下关系，追求与领导的要求合拍时，他还真的能成为自己吗？

作为被驯服了的众多私民，最多的指望，是物质生活能有些改善，能有些温饱，生活条件有所提高，向往能在本群体联系里面，求个眼前安然。几年等一回，甚至几十年等来一回的内部某种同心，暂时理顺了关系，却也维系不了多久！

权威者时常变卦，跟随者会分化，一切都随着关系亲疏远近而不同。得到利益者沾沾自喜，只有苦劳，没有功劳的人三心二意，那些愤愤不平，为他人作嫁衣裳者，在消极怠工。

遇事只顾眼前利益，不会有从容思考的空间。哪怕最有手腕的上级，也只能逞强于某一段时间，力图保持属下的振作状态。

越是到困难之时，越难实话实说。权势者更加会八公山上，草木皆兵，临时抱佛脚，去强行树立更高度的权威。那压倒一切的势头，努力实现救急的刻意治理，加以振振有词，滔滔不绝，只有短期目标。把那些棘手的问题，堆积到了一块，喧闹过后，前任升官走了，留下众多相互牵扯的难题，那些造假成风，难以逆转的生态环境破坏，重度污染了的空气、水源和食品，还是治标不治本，继续修补一番，勉强维持啦！

　　由此造成的结果，使应急措施，代替了良性成长，一再掐断个人去开动大脑，去思考解决问题的可能性。一轮又一轮的瞎折腾，就那样漫无止境，害人害己，糟蹋着那实际的生活。

　　当权威人士高呼民族主义口号，大声强调本国特殊性时，运用暂时能救救急的法子，会不知不觉地重复老套路，终点又回复到了起点，就为了成就新一轮的集中权势。

　　一代又一代，继续当愚民，全身心地讨好上级，依附于统治势力，完全没有任何底线。由此，继续传播那些零碎思绪，修修补补的标语口号，东拉西扯，自相矛盾，大杂烩式的观念碎片，任人摆布，唯唯诺诺，挥霍情感，闹忙一时，宣泄过后，烟消云散。

　　多少私民，在惶恐不安里度日，深度扭曲，处于沉闷的跟随状态。

第二篇　　成王败寇，蹂躏私民

几千年的大一统治理，成为了华夏大地的基本运作模式。经历内部的朝廷争斗演绎，外部影响潮起潮落，私民有的生活状态，从来没有发生实质性的变化，还是那般的成王败寇，争权夺利，弱肉强食，苟且偷生，循环不已。

第七章　　"三一"天下

在我国成其"天下"的岁月里，皇权专制的历史绵延不绝。把众多人群，聚拢在某朝某代帝王名下，关起门来过日子，再三地重复既往。如果要从其中理出个头绪来，作简明扼要的梳理，那些历朝历代的各类故事，可以归结为三句话：

一统天下灭六国。

一朝天子一朝臣。

一将功成万骨枯。

众多私民，自古以来，就是围绕这"三个一"转动着。天下之大，君臣之间，生死之际，反复淘汰，需要提纲挈领，如实面对。

1. 一统天下灭六国

从古以来，我国讲究的是，由皇帝来进行统治。话说天地悠悠，在天、地、人之间，群龙相聚，不能无首，崇尚天人合一，任由当朝天子来治理。上天，太过巨大无比，又无法清楚表达，由着在位的皇上，作为化身，尤其尊崇那个朝代的开国皇帝。

由此而来的奉天承运，成就了哪一位皇上的随心所欲，朝令夕改，演变为喜怒无常，生杀予夺，统领本朝的官宦，去治理百姓。无数私民，漠然于天下大治，或挣扎在天下大乱的折腾之中。

在每个乱世的后期，强势者为了占据所有的地盘，频频发动各类战争，不断扩充编制，以武力剿灭全部的竞争对手。直到成为了唯一的强势暴力集团，一统了江山，重新治理。

遥想当年秦始皇，积几代秦王的武功，以独霸天下的武力和计谋，施展野蛮的强势，彻底的暴戾，灭掉了其他的诸侯国，使原先七国范围的人口，减少了三分之二。

杀完对手，再杀那可能"谋反"的功臣，杀戮那些稍有不同见解的文人。当了皇帝不久，就开始按照宰相李斯的建议，收缴焚毁除官定《秦史》以外的其他书籍，灭绝各类文化传承，坑埋了460多位据说诽谤过皇上的书生。把劝他手下留情的太子扶苏赶出京城，耳根清净，由此彻底清除了不同见解。

我国历史，大量记载着类似焚书坑儒的实例。文字灾祸，猛如恶虎，伤人无数，少则牵连数十人，多则几千名书生，连带家族亲友。历代君王变本加厉，彻底堵住了百姓诉说的嘴，剩下的文人勉强活着，也不知哪一天，就可能被安个莫须有的罪名，被收拾掉。以杀罚，无止境的杀戮，赤裸裸的暴力来一统天下，不服从的，宁可错杀一千、一万、一千万，绝不放过一个。想法不够一致者，只要被盯上了，就会被斩尽杀绝；彻底服从的，夹着尾巴，做个跟班。几乎成为惯例的定点清除，对所有的被怀疑者，痛下杀手，侥幸活下来的，至多求个昏昏然，苟且敷衍。

由此而来，打天下坐天下，从那以后的皇帝们，也没有过例外。治国方略对了，某"天子"坐稳了皇位，错了，也还是得依圣旨办，慢慢熬着吧。如同清朝建立之初，采用了明朝旧臣的请求，汉族男子若不留辫子，一律砍头，留了辫子，脑门前剃光后蓄发，带着那终生耻辱，换得被允许活着的标记，算是暂时地做稳了奴才。

所有的物质财富，当然是民众制作的。经过繁杂的操控，其中大部分被皇家与官僚们占有了，且越占越多，扩展成为垄断型的权力管制经济。似乎一切活动，归结为从上往下来治理。钱财也理所当然的归朝廷所有，是皇上供养了官员，照料了百姓。财力物力，分层收刮，按级调拨，大都转移到了官僚体系内部，分等论级，再行分配，复杂无比。作为某一等级的臣仆，既然由上级供养，就要被任意驱使，叫干啥就干啥，谁供养谁的事实，在我国被歪曲了，模糊了，彻底颠倒了！

只要是汉人，打出生之后，几乎就自然地成了"天子"、"父母官"的附属物品，被治理着，驱使着，或者靠边待着去。由此，习惯于跟随，好歹要活下去啊！众多私民，从来缺乏坚定的意志，能留传下来的，多是那些实用的拍马屁技巧，揭发告密的言语行动，深深浅浅的迷信。

尽管都长着脑袋，某个人多少会有一些想法，却难以进行理性的思索，只剩下些简单的，零打碎敲的念头，走不了多远。在万里长城一般沉重的现实里面，能够行得通的，就是上面认可的占山为王，一山不容二虎的方针。普天之下，莫非王土，谁又能跳得出如来佛的手掌心。普罗大众能够去做的，也就是跟随钦定的朝廷命官了。

不管上面颁布了什么旨意，只能是照办，你不办，别人会办，多少人排队、插队，抢着去办。稍有疏忽，大浪淘沙，更为巴结者，就取代了你，揭发了你，甚至置你于死地，在任何情况下，都是皇上圣明，谢主隆恩。

2. 一朝天子一朝臣

作为开国皇帝的继承者们，每一位都有各自的癖好，都有自己的一批贴身亲信，也有那随心所欲的狂妄，求得那名垂青史。

继任过来的皇帝，也要大开杀戒，清除异己，毫不留情。唐太宗杀了多个同胞兄弟，连太子大哥、亲兄弟也被斩杀，逼得父皇孤家寡人，赶紧拱手让出皇位，灰溜溜地去做太上皇啦。唐太宗推行的贞观之治，能够在没有竞争对手，没有了后顾之忧的情况下，放开手脚办一些事。

一旦当权，就要把属下都换成亲信。对原来的那些官员，转投自己门下的，确有一技之长的，留用但不重用。不太好使的，架空，要么派给个闲职。不够效忠的，或怀疑未能尽忠效力的，找个什么把柄就开销了，找出些经济问题，拿下来，惩办了。

在某个地方，能不受监督说了算数的，就是主要领导，处于本地、本部门再也无人能监督的权位。那沉溺于实用主义的官员，一旦权位高高，其秉性与短处就会急剧膨胀，充分显现。既然事事都等待上司表态，说什么就算是什么，畅行无阻，那主要领导就被神话了，成为控制官僚群体的行家，成为权力争斗的高手。他就要在不停地换将之中，变着拿手的戏法。让有什么想法的人，统统靠边站，决不允许另有主张，就是叫身边下属摸不清底细，看起来热热闹闹，却换汤不换药，折腾个不停。

当缺乏有效监督体制时，主导官员都会借题发挥，施展七情六欲，老虎屁股摸不得。要讨得主要领导欢心，的确不容易，需要许多的琢磨和技巧，需要隐藏内心诸多的想法，不动声色的溜须拍马，多多益善地满足上级的欲望。在迎来送往之中，努力讨得欢心，将身家性命都押上了，明知一定会有变数，还是得全力以赴。

每位权势者的喜好，会被属下仔细揣摩，使他的嗜好与陋习，都被翻倍放大，其与生俱来的弱点和缺欠，就成为投其所好的机遇。各种强化权力的事情，就轻车熟路，层出不穷了。每一次官员提升，都有那么多暗箱操控，通行着"黑吃黑"的交易。从置身官场那天起，官员就无条件地附属于直接上级了，再也没有了其他的出路。

在任职期间，加快了急功近利，买官卖官，贪图私利的步伐。说一千，道一万，能不能继续"往上爬"是关键。每一位搭建"自己人"班底的官员，面对人事纠葛，要理清不容易，相当程度上得把握时机，等待机缘巧合，必须把重要岗位，都换上自己人。

为了掌握实权，明争暗斗，身为本区域地位最高的仲裁者，主要领导步步紧逼，其一言一行，关乎所有属下的安危福祸，轻率地决定着他们的悲欢离合。随意性又是那么大，属下们只得惟命是从。

金字塔形的官场机构，在其暗箱操作里，消耗了几多参与者的命运，泯灭了多少潜在的竞争对手。置身其间，容不得一丝一毫的松懈。所有的重要岗位，迟早必须换上亲信，毕竟是人心隔肚皮，关键时刻能不能经得起考验，可不是闹着玩的。为防范反戈一击的事件，各位"一把手"，都在坚定不移地任用"自家兄弟"。

官场里龙腾虎跃，群英争霸，决无消停，永远是你方唱罢我登场。就是要把参与者分出不同层级，相互争抢有限的好位子，斗他一个天昏地暗，位不惊人死不休。为了一荣俱荣的老规矩，把每一个有人群的地方，都撒遍了顶戴花翎。学校、寺庙、科学研究单位，诸多职称类别，全都相当于某一行政级别，每一个层级，都在想方设法，制造理由，招兵买马，扩充编制。

长期以来，官方强化正统的指示，美化在任领导的言行，让百姓们醉心于某些说教，全心全意地紧跟宣传标语。每一位现任主管，都会提出一些光鲜亮丽的口号，多少私民，也就陶醉在这无尽的幻觉之中。

3. 一将功成万骨枯

依靠暴力建立权威者，同时会交替地运用洗脑的办法，在软化、教化、分化、偏执化，愚弄摆布那众多私民。

螳螂捕蝉，黄雀在后。无休无止的"窝里斗"，使无数私民，时常惊咋，如履薄冰，诚惶诚恐，唯唯诺诺。由此荡平海内，恩威并用，继续依赖暴力，全方位地树立权威，并且将其影响，推行到了极致。

为了继续掌控权力，就是要驱使折腾那些私民。伯乐相马是使用，杀人立威也是一种使用，那些不够听话者，在皇上眼里还算人吗？留着也是些累赘，是祸根。为了保证当今帝王绝对权威，就是要拿天下苍生开刀。就历朝杀人的数字来说，其记录早已成为世界之最。史书记载，在汉王朝，恒帝，其时有人口5000余万，群雄并起后，反复杀戮几十年。经公元208年赤壁之战，到了221年，全部加起来只剩下700多万。曹操有诗云："白骨露于野，千里无鸡鸣，生民百遗一，念之断人肠"，任何不够听话的人，都被推入死路，也就不会再犯上作乱了。

唐玄宗中期，全国计有人口5291万，经过八年的安史之乱，伤亡无数，玄宗皇帝，变成了太上皇，人口却急剧下降到1692万，减少了三分之二。对那伟大的成吉思汗，多少人至今还在津津乐道，他真是把广阔的中原，当作了超级屠宰场。本来打算要将汉人全部杀光，让万里神州变作一个"风吹草地见牛羊"的大牧场。公元1122年，全国人口9347万，杀到元朝初期，只剩下887万，死亡率高达90%，在不长时间里，四川一带从接近2000万人口，被杀的剩下不到80万，几乎成了无人区。

到了明朝末年，李自成等揭竿而起，烽火连天。满清几万铁骑伺机入关，攻城略地，反复屠城，若有不服，统统宰杀，灭掉了几千万汉人，任何稍有点血性的男子汉，都很难再生存下去了。经历这种反复的定点清除，能够活下来的，多是些懦弱的人群。

一次次几十万、几百万的杀戮，史书上的记载，实在是太多了。其中人口绝对数字下降最多的，当属清朝咸丰、同治年间，全国人口为43216万，经过太平天国将士、湘军淮军绿营兵、戈登常胜军之间反复厮杀，人口骤减到26000多万，成为了世界最为血腥的屠宰场。无数人头落地，白骨累累，才垒砌起那一个个王朝。

一旦坐了天下，为彰显当今圣上的无限权威，把任何持不同意见者,逼到了对立面,成为了活靶子,在肉体上给予无情摧残,彻底消除。为了保障绝对权威,防犯可能有的不满,武则天重用酷吏来俊臣,捕风捉影,无限上纲,屈打成招,诬陷成风,杀掉了数万看着不顺眼的官员及家人。然后"飞鸟尽,走狗烹",千刀万剐了来俊臣。由此无事生非,左右开弓,彻底摆平了官场。伴君如伴虎,强制所有的人心服口服,消灭了所有不够忠心的人,让他们灰飞烟灭,让他们的家族统统灭亡,株连九族、十族,就成为了万分严酷的现实。

每个人从幼年起,就不得不全然依赖官府,被不断灌输按级服从的观念。今天长官看你听话,给一颗糖吃,无数私民,尝到一点甜头,有了乖巧,慢慢长大了,也还是照样画葫芦。任何事情都可以拿来做交易,曲意奉承,卖身投靠,成为维持生存的信条。

作为得势的官员,把对手逐一赶下台去,为自己谋求有利的位置,升到了某个级别,是不惜付出任何代价的。在表面上,他必须礼数周全,道貌岸然,暗底下寻找靠山,有团伙,有班底,还要"识时务者为俊杰",能够时机一到,翻脸不认人。把其他人的生命,完全不当一回事,该出手时就出手,不惜践踏着同僚的身心,阴险卑劣地爬上去。

本来,看待同一件事,每个人有其角度,有不同意见,能充分地表达出来,会有助于看到事情的各个方面。一旦以某人划线,要分清是不是自己人,那秋后算账的计谋,让潜在对手防不胜防,再用一不做二不休的手段来清除,来斩草除根。这种环境里的适者生存,实在是战战兢兢,如履薄冰。

每一次残酷的内部斗争,反复的清洗,失势者被无情的淘汰出局,被抛进那无底的深渊,以至丧失生命,造成了多少家庭,多少家族成员的悲欢离合。那种深入骨髓的恐惧感,对某一天上级可能翻脸的畏惧,时时敲击着各级官员的内心。

数十年来,几多政治运动,那一次都是几万、几十万、成百万的生命无端消逝。剩下权力斗争的胜利者,今朝有酒今朝醉,继续欢声笑语,莺歌燕舞。君子再也斗不过小人,正在感叹他人命不长,那知自己也未必长。

　　大多数的失败者和失意者，在痛苦万分，虎口余生之后，依然满脑子的升官发财欲念，他们从来不会真正改变。

　　他们被出口恶气，去报个私仇，骑在他人头上的念头，纠缠住了。秉承"君子报仇，十年不晚"的宗旨，鼓励儿孙们奋发图强，屡败屡战，再去当一个更大的官。能"合法地"去折磨先前的"仇人"，冤冤相报，没完没了。一门心思为做官，这些个言传身教，如同那仍旧上演着的古装戏，清宫剧，五光十色，弄得参与者们，都如醉如痴，前仆后继。

　　每一次发动"重大运动"，政策会推倒重来，都漠视人性，到处都充斥着最恶劣的权谋，再三把"常识"、"良知"和"诚信"，打入地下十八层。每一回都与口称的"仁义"，背道而驰，却还在自吹自擂什么特色，接着又从头开始，再来一回大折腾。

　　为什么这般迷恋到手的权力？

　　如何能走出世代缠绕的怪圈？

　　如今，我国有了经济领域多元化的趋势。个人、企业、团体开始有了某些法定权益，需要应用国际社会通行的规则，不再能够统统运用老办法了。

　　经历一系列急速的变革，逐步参与全世界的活动，作为现代化的组成部分，与国际惯例接轨，许多人，许多事，都在调整和适应的过程里面。

　　必须保障每一位社会成员的基本权利。每个人应该堂堂正正，不再仅附着于某一私下关系，得到直接上级的许可，继续作为私民，来了此一生。

　　进而探索适当的社会分权机制，建立有效的官员监督规则，看似简洁的做法，却凝聚着人类社会管理的最高智慧，其实同样符合官员自身的长远利益。

　　数千万官员，若不能受到法定制度的有效监督，就会说归说，做归做，继续翻唱老剧本，以权谋私，以权代法，阻碍公民社会的形成。

天下的主人，就应该是社会公民。如果为了某些集团的利益，寻求巩固绝对权力，那就会延续暴力，弃明投暗，继续在"三个一"里面来回折腾。

第八章　超大规模过度控制

漫长时期以来，华夏的人口，比数十个欧洲国家加起来的居民还要多。规模是超级庞大，却任由某位皇帝随心所欲，发号施令，对内保持过度的行政化控制，从上到下，令行禁止，似乎是自成一类的社会体制。

1. 超大规模

华夏子民，占世界人口五分之一。在此"普天之下"，皇帝作为唯一的主导权力，国内没有任何可以制衡的力量，比如教皇、议会、各类民间组织。皇上在无限制地强化着层层调控，事事管理，全面紧逼与纵向牵制，拥有越来越完善的管控，占有更多的财富。那多少亿的民众呢，没有什么基本的权利，甚至连原有的生存空间，都被一再压缩，卑微渺小，按级服从，局限于既定秩序，得过且过。

其间，显赫的是朝廷，是官宦群体。而数以万万计的私民，则悄无声息。由皇帝来厘定层级，集权专制，官府至上，为维护朝廷利益，管治在不断强化，并且加以逐级放大，成为无边无际的"巨无霸"。把所有事情统统管起来，凡事都要经过相应级别的过滤，逐层汇报上去，最终由皇上来定夺。

这样一来，经济、文化、社会的各类事务，不分巨细，无论发生什么事件，无论看起来用着什么名义，都变成了各层级官员间的交易。"家丑不可外扬"，算不算一回事？能不能解决？如何解决？由谁出面发话？都成了朝廷内部的博弈，成了外界难以揣测的一堆谜团。

其结果就是，那分散的，无权无势的亿万私民，被随意处置，只要还未形成大规模的揭竿而起，官府根本不在乎他们的温饱生死。

官员们都在忙着扩大权力，凡事加以操控，似乎无所不包，无所不能，或沿袭照搬，或者拔苗助长。官员发号施令，完全不会按照明明白白的规则办事。与此相应，只知去执行的相关人员，却不准表达意见。无数私民，眼巴巴地听候发落，自认命该如此，百般忍耐，消极等待，缺乏自行组织能力，失去了基层自治的可能。

在大规模的人为操作里，管制必然带着倾向性，放大各种决策的影响。多少私民，听到看到的，只有上面发出来的指令，代表着官方的态度。

这样做，当然有可能在机缘适合的某些时期，通过调控得当，充分运作各方面的力量，取得较为明显的结果。

这样做，还会有更为常见的可能，就是使各种难题拖下去，掩盖了局部矛盾，放任了错误的倾向，事后再采取更多的补救措施，竭力勉为其难。

经济和社会不同领域的发展，有相互协调的需求，而只准许某些领域片面发展，将带来畸形的后果。全面控制越彻底，垄断了所有的资源，扭曲的程度在任意加深，危害成为了痼疾，迟迟无法纠正。

与我国进行全方位控制不同，现有发达国家，无论公民人数是多是少，在近代普遍实现了宪政治理。表现为约束专制权力，通过各类型的民主选举，保障本国公民行使权益，合法任用官员，实施分权体制。

二十世纪下半叶以来，令人目不暇接的技术革命，使得有价值的个人创新能力极大化，充分地释放出来。面对此情此景，如何因势利导，推进各个层面的开放，成为了华夏民族继续生存，本地区发展的关键。或迟或早，我们都必须如实面对——人与人之间，科学技术与自然环境之间，物质获取与精神升华之间，这样立体的发展空间。

如果还是反复强化硬性管治，就会以超大规模控制，依然偏重行政隶属关系，运用全国的巨大财力物力，着意扶持垄断性国有企业。

进而用高科技手段，通过控制所有的人，所有的投资，全面控制土地和资源，管制生产生活，达到对丰裕物质财富的充分占有，继续实行面面俱到的手工管理。

在较低发展阶段上，人们的见闻有限，选择也较少，以至于"半部论语治天下"。如此，把人们想法做法，统统管起来，强行步调一致，虽然耗费了相当气力，还能够勉强管起来。

到了互联网时代，为了保证领袖人物说了算，还是今天一个主意，明天另一个方针，继续全方位的控制，不断增加管理机构，层层叠叠。调动数以百万计，或千万计的各类官员，去管住所有人的言论，手把手地矫正个别行为，正在付出越来越沉重的代价。

刻意维持超大规模管治，无力顾及各种反馈的情形，实在难以为继了。数十个管制渠道，相互打架，政令出尔反尔，很难自圆其说。继续强求纵向的超大规模控制，将付出越来越高的代价。

原先依靠封闭，管束和权谋便可以忽悠各级官员，遇事层层汇报上去，再经过权衡利弊，一级又一级地，贯彻下来，加以全面控制。那种状态已经是昨日黄花，再难以长期暗箱操作，自说自话，维持那种神秘感了。

2. 过度控制

外表看起来，以某一个人，或者某一群体，主导的一元化体系，彻底排除了任何异己势力，再加上运用大数据管理，那些数字化的科技手段，加以无限扩展。用持续膨胀的管理部门，继续全部操控，任何局部的问题，都在把握之中，应该能稳定不变，长治久安。其实，每当得到某种权力，就紧抓不放，必定会越管越多，越管越紧。

面对日趋多元化，个性化的社会，却要求杜绝良性竞争，反复修理所有成员，强推一体化的无限控制，醉心于面对面管制，超常规操控，那硬性的强迫，扭曲了民众的正常生活，就为贯彻上级心血来潮的重要指示，推行各种活动。

消除民间积极主动精神，也就牺牲了民族的未来。

继续全方位的管制，有关各方都在反复加压，积累矛盾。

在各类事物之间，存在着直接的丰富联系，有些变化快一些，可能会走上不同的方向。通过相关主体间的直接交流，众多创造，汇合成新的动力，涌现出了新的潮流，很难未卜先知。

由此，人们不再只生存于某一群体，纠缠于那种给定的身份，继续做顺民、刁民或者暴民了。他们需要有成长的空间，变为身心健全的公民。

公开化、多元化正是自然之道，各类事物、人物、群体，有着各自发展的可能，有相互间的制约，能够彼此促进。如果行政权力毫无节制的扩张，一味放纵逞强，继续把客观存在的问题，演变为内部成员之间，讨价还价的筹码。到了火烧眉毛的时候，还是严加管控，不准其他的人群发声，那会严重妨碍社会的日常运行。

我们正在经历深层次的变化。

如今，世界经济相互促进，深刻影响到国内。那过分行政控制，干预正常的社会活动，无止境地耗费巨大物质财富，成为了难以承受的拖累，成为进一步发展的巨大障碍。

当社会财富的分配与再分配，基本都由官府管起来的时候，衍生出巨大行政型经济。行政费用使用愈来愈多，涉及到众多官员的切身利益，只能增不能减。任何的自我约束，都是空头支票，无法兑现。指望靠某些官员的良心发现，来改变实际的利益格局，实在是竹篮打水一场空啊。

官方垄断了各类资源，财产所有权表面上是"公有"的，寻租现象越发严重。行政权力，其实已经被官员彻底"私有"了，产出的多，财富越多，收益更为丰硕。上级在不受制约地，充分使用权限，把属下玩的团团转。

可以想见，无数信息、数据在实时交流，酝酿种种变化，却指望事事按级汇报，由唯一的领袖来拍板说了算，且一贯正确，将会产生怎样的后果？种种随意发挥，出尔反尔，肆意妄为，只为保持那种深不可测的威势。

过度关注权势本身的显赫，造就畸形的全面控制。一切都由上而下，身为下级，只有按级服从，以邻为壑，相互揭发告密。掌权者得到权力，独占成果，不可能再与其他人分享，除非被更强势的暴力打败，在成王败寇，暴力交替的循环里，当局者迷。

今日世界，加速变化。在行使权力的过程里，即便用心良苦，只要不再受到实际的制衡，不经过相关各方广泛参与，平等协商，将会固步自封，以偏概全，迟早造成重大失误。

以我国的规模，在整体性的权力建立后，那些局部性的事务，需经更高一级来拍脑袋，或者呈报最高级别来确定！在一级又一级的贯彻执行里面，整个权力体系，是那样的高高在上。

过度控制，曾经非常有效，也省略了费心费力，如实研究情况，讨论问题，上级定了，一经传达，下级照办，多么爽快！即便时过境迁，每件事，每一天都还是上面说了算！全无议论，全无批评，全无监督，放任地行使权力，呼风唤雨，率性而为，真是爽快啊！

即使有最好的用意，如果听不得各方面的改进建议，完全排除了其他的可能性，排除了制度安排方面的更新，那就是在兜圈子。变换某些运作方式，依然是"新官上任三把火"的闹腾，不知不觉就绕回到了起点。

依照我国传统，掌控和运用权力，乃举手之劳，走了一批，又来一批的滥用者，实在是太多了。官员无责任、无休止的使用权力，又是因人而异的短期使用，缺欠长远目标，不计成本和后果地使用，不受公民监督的"不用白不用"，后遗症越积越多。

全面推进的权力，在各级官员过分使用中，早已失去了任何的制衡，做决策时很随意，事后修修补补太敷衍。形成特权的过程里面，腐败畅行无阻，成本极低，诱惑太多，制约失效。

身为官员，会由本群体内部力量逼着，不得不与之一道去腐败。

置身于全面控制的"内部事宜"之中，当权者为了切身利害，把各种权力运用到极致，心满意足，潇洒走一回。

如果有人怀疑某些做法，掌权者马上给予压制，不允许对体制本身有任何异议。再不听话，就要压服，不准思考，不准表达，不准民众自行组织，轻易地对属下使用强力，定点清除，杀一儆百，杀鸡用牛刀，何时是了。

完全控制带来的稳定，任由当权者放手捞，众多私民，千万忍受着，权势者自身的利益最为重要，其他事情都被敷衍过去了。讲起来很是冠冕堂皇，来自上级的指示不容置疑，服从也好，强制也罢，反正就这么办了，没有什么讨价还价的余地。

由此造成的不良后果，接踵而至，灌输进民众耳朵里的，都是些片面之词，无法分辨真伪。民众在精神上不能够自立自主，老是等待上级来关怀与指导。安身在等级序列里，多少私民，从来没当过主人，遇到事情一定是当面毕恭毕敬，却又糊弄变通，对付过去就好，做起事来消极怠工。

从社会活动来看，不允许思想和言论自由，压制舆论监督，不可能会有民众的主动参与。如果唯一的权力体系，出现了一些偏差，或遇到了某些实质性的内部障碍，就会处处都涣散瘫软下来。

3. 递增的规模效应

规模一定会形成效应，超大规模，会带来递增效应。

然而，巨大的递增效应，不一定是面向未来，也有可能会一再重复往昔。

反复运作超大规模权力体系，力求全控，已经变成了部分的控制不当，或者失效，甚至造成适得其反的结果。

当缺乏实际有效的监督，缺乏落到实处的分权制衡时，掌握权力者，一定会尽力扩张权限，管的太多，有了第一步，紧接着会有第二步，第三步……捞的过头了，分肥不均了，头重脚轻了，无限制的捞了，还不允许他人议论。

由此而来的积重难返，每一次权力扩张，后面都有着一连串"理由"，以至于层层遮掩，失真失联，追究下去，引火烧身，吃不了兜着走。特殊利益集团成员间，你多我少，各有算计，见者有份，内讧不断，收益多寡，位子调整，争斗不已。

其表现是，民众反映基层官员滥用职权，遇到了官官相护，大事化小，小事化了。既然反映到哪里都没有用，就会使大小矛盾日积月累，厚积薄发，突如其来，恶性事件频频爆发，一旦闹事者连生死都无所顾忌了，就哪一级也管不了啦。

正是那陡峭的金字塔形结构，造成了"上梁不正下梁歪"。不稳定的根源，其实来自于上面。占有权势者，刚愎自用，一意孤行，夹杂着许多私利，在任意作为。弄到民怨沸腾了，又严厉责怪下属，还不够听话，不努力维系安定的局面，强行抑制矛盾，并不去解决问题，造成了暗潮汹涌。

面对长期来民愤积怨，形成的"堰塞湖"，当权者仍局限于挖肉补疮，拆东墙补西墙，并借此敲打某些派别，选择性反腐。敷衍性地调整个别管理人员，不过是击鼓传花，企求侥幸过关。

回避结构性变革，以更集中的行政权力，来治理腐败，可以见效于一时，结果注定还是"野火烧不尽，春风吹又生"。找不到有效路径，会重蹈覆辙，更加威势，更加集权，更加花样百出，随之而来的破坏性，更为惨烈。

保持全部管控，绝不会生长出良性的相互关系。仅仅做些表面的调整，还是龙王治水的老药方，一旦遇到危机之时，大有可能的是，那更为极权者，占据了舞台。

从当年苏联解体的历史过程中，我们看到，在全面掌控的官场里面，最大的危险，莫过于好大喜功。为了获取政绩，层层加码，竭泽而渔，偏重某些领域的快速成功，得到表面上异乎寻常的成就感。到了那时，自我膨胀，利令智昏，完全听不得其他意见了，隐瞒着的那些根本性问题，牵一发而动全身，随时可能全面爆发。

抽刀断水水更流。

如同军事活动的沙盘作业，在双方力量推演中，明智的政治家见微知著，擅长于看到未来的趋势，一旦有了方向，长期趋势形成了，仅靠计谋阻挡不住，至多造成局部的起伏。

如何从过度控制的状况里，自觉地走出来，使权力有所制衡。每次做重大决策，都要依照法律程序，公开基本的情况，经过认真负责的讨论，广泛听取不同方面的意见。在决策执行中，受到实际的检验，犯了错误，就必须承担相应责任。

在通讯便捷的当今，应该有正常和畅通的渠道，使各方面的意见得以正常表达，从而能够避免根本性的失误。

背离了公平正义这一基础，就会无视公民的合法权利。即使暂时能平息某些矛盾，继续刚性地把持权力，以超大规模，强力推行一体化的控制，积累着更多的尖锐冲突。

很难继续闭门造车了。

立足现实，放眼世界。在网络上，各国民众，正在广泛交流。

近几十年来，人类视野大大扩张，进入了更为广阔的空间。宏观方面，突破地球所在的太阳系边界，行进在仿佛无止境地扩展之中。微观方面，生命科学和基因工程使人们认识到，生命体无比复杂，在那自然和人工参与的无穷变化里，具有多种可能性。

放开眼界，认真探索未知的大千世界，直面多种可能性。当下需要认真探索的，是哪一些前景，会逐步成为现实。

让全社会，尾随着某些领导者的认知水平，跟从其品行跌宕起伏，还是真正信息公开化，舆论渠道畅通，分权制衡，建设法治社会。经过公开化，非暴力的途径，使自主行动的每一位公民，由各种自治性的组织形式，让各位公民能够自由发展，形成良好的生活环境。这是无法回避的抉择！

如今的现实情况，就在于已经有了世界范围的比较。大多数国家与民族，都在努力消除权利不平等状况。似乎比我们经济落后的不少地方，也正在这样做，转变不分先后，效果也多为正面。

有人说实质性变革，如果太快了，各方面承受不了，会出问题。

如果太慢了，那又会怎么样？

大道至简。

何妨回复到平常的心态，用常识和理智，让已经被弄得盘根错节、难以为继的过度管制模式，回归简洁明了。

从修修补补的暗箱操作，到逐步走向公开化；从少数人关起门来圈定接班人，私下里传承授予，走向对权力的有效制衡，建立相应的机制，把握住基本方向。

第九章　包公大人靠不住

一代又一代的私民，日常生活里，遇到受欺辱的事情，实在是太多了，一辈子抱有的期盼，就是能得到稍为公平些的对待。

既然时常被直接上级欺负与羞辱，往往会想到去越级上访，去申诉冤屈。他们指望能遇到现时的"包公"大人，碰着更上一级里的"好官"，会秉持公道来办事。

这种"包青天"情结，由来已久，牢牢地盘踞在华人的脑海，身处灾难的多少私民，莫名地怀着这种心理寄托，给自己找寻些许情绪安慰。

1. "包公"也是官

传说里曾经的"包公"横空出世，刚直不阿，对欺压百姓的贪官污吏，痛下重手，有冤报冤，有仇报仇，那些故事，多少私民，听起来很是解气，很是过瘾。

然而，包公活在现实的"天下"里，包大人的权力，终究是皇上给的，"尺柄寸权，悉归国家"，一切由朝廷来掌控。今天为了缓解迫在眉睫的矛盾，安抚一下百姓的激奋情绪，重用包公去办事，可以给他一些权力，处理一批太过出格的官吏。明天触碰到皇上的利益了，天子不高兴了，立马就收回哪些权限。

作为传统社会的官员，包公一身兼两任，既作为某种道德上清廉的符号，依然是官吏中的一员。对上奉承听旨，对下必须管住，既然被皇上任命了，总得把眼前的事办妥当。反贪官不反皇上，就是包公为人处事的底线。

为了坐稳官位，又能够继续升迁上去，不惜任何代价，不择任何手段，不在乎违规违法，趋炎附势的官德，是普遍的，几乎无法抗拒的。

所有的社会活动，任由诸多官员来操纵，各位私民，都成为了官场的某种附属物，被合法地伤害着，摆弄着。

具体到某人，都可以用相应级别来衡量。为当上官，不管什么经历，那管人品高下，某人能做到了一定级别，那就铁定是成功的招牌，具有了人上人的标志，开始有了"屁股指挥脑袋"的资格。各级官员在话说"以民为本"时，拥有巨大的优越感，其间的心理落差，分明就摆在那里了。

与之相对的，"老百姓"、"群众"，则是泛指，是那些笼而统之的附庸，是居民里的大多数，却不会再有自主的思想、言论和行动了。

作为治理的对象，百姓都成了听从行政命令的跟班。作为被施舍的对象，给他们一点东西，才能得到什么，不给则没有。民众向来要看大人物的脸色行事，平日里默默无闻，贡献辛勤的劳作，遇到困难，又要竭力负担起来。官员们在好事自行为之的时候，很少会想到还有百姓的需求，对他们召之即来，挥之即去，似乎从来如此。

由此实际情况出发，才能恰如其分地认识本国特色。

在中国，自古以来，社会等级分明，早已分为相对稳定的统治者集团，与被统治的散漫民众，通常看到的就是官员与百姓。官员处于极度的强势，坐享权力，似乎成了英明正确的代名词，老是在指手画脚，一再训导其他各色人等。

大部分官员，本来就不具备某项专业知识，或者谋生的一技之长。如果不是去当官，自身的温饱可能都会发生困难，却美名其曰"外行领导内行是一般规矩"。并以此为荣耀，专门负责琢磨其他人，去训导民众，管束百姓，花去了纳税人多半的钱财，他们还得再三感谢领导，感谢顶头上司。

官员们为追逐自身的利益，极力阻止"非我同类"，或陌生的"其他人"进入官场。注定要由"自己人"，来完全占有社会的各项权益，才能够运作得有滋有味，志得意满。他们竭尽全力，宣传口径一致，要把此种境况稳定下来，继续传承下去，谁要是妨碍了既得利益集团，铁定会受到无情的处置。

在此过程里，时常要高举着冠冕堂皇的旗号，使百姓认可既成事实，接受低于官员的现状。就是要有几副面孔，巧妙的糊弄过去，说些上级官员喜欢听的话语。

"实话实说"，曾经是老百姓喜欢的电视栏目。此一时彼一时，如真要遇事实话实说，就不能算是合格的围观民众了！

在漫长的岁月里，朝廷任命的官员，形成为主导集团。那一荣俱荣的特殊利益，那种以吏为师的传统，天天潜移默化，处处不言自明，全都以做官者为尊。

在官场文化盛行的我国，身份等级，规格繁多，模仿跟随，深入人心。融化在人们的脑海里，明显占着上风，大行其道，顺风顺水，似乎不费吹灰之力。那些保持独立人格的清廉官员，则越来越罕见。刚正不阿，外圆内方，早已化为曾经有过的传说。君子学不会欺上瞒下，学而不精，未能竭力拉帮结派，压根儿就不可能进入官场，不可能逐步爬上去，还会处处受到排斥。

面对官官相护的现实，多少私民，却渴望能够有出污泥而不染的包公！

明知不可能，还要再期盼。

这一级官员不行，就指望上一级，更上一级，更更上一级……

置身于滚滚红尘之中，期盼"包公"的情结，代代相传，还是要有的。

2. 盼来了官官相护

从社会心理方面观察，来看看包公情结存在的历史，那是对官员抱以期盼的幻觉。

把管理职权无限放大的后果，既使最低级别的官员，也可以联结着，代表着整个庞大的体制。

与此形成鲜明对照，最杰出的百姓，也依然无足轻重，被翻来覆去地打压，是那样的卑微，除非那一天也能当上官，给一顶官帽戴着。从实践看，"作为五星级的百姓，还是不如当个最低级的官员"。如果分不清上下级别，连相互间如何称谓，都会成为问题。

那些貌似明文颁布的法律条例，诸多文件，或者多到数不清的赏罚办法，都被用于来治理百姓。权力永远是高明的，刑不上大夫，即便说起来"王子犯法，与庶民同罪"，至多是检查到王子，皇上永远是那金口玉言的化身。

在实际的权力运作过程里，五分的管理需要，六分的强化规定，七分的各级官员在操作中添油加醋，多吃多占，八分的重要官员特殊利益需要照顾，九分的"一人得道，鸡犬升天"，利益坐享，十分的官员队伍无限制膨胀。

多少政务，经画蛇添足，成堆的问题被制造出来，还让外人摸不着头绪。

原本简单明了的事情，经过添油加醋，谋划已久，引而待发，曲折的手工操作，权力运作中间的腐蚀性，在官官相护的过程里，变幻得无比复杂。

无论何时何处，出了什么问题，习惯于等待官员来处理，形成的普遍心态，会愈来愈敷衍与功利。越是解决"几不管问题"，就会设置更多的机构，一再扩充管理的层级和编制。譬如，近十个部门来管理食品安全问题，谁都要说话算数，却都不用负什么责任，几番公文往来，经过"请示"后，会弄到不了了之。一旦出了问题，要烧香磕头,却不知进那一座庙,都弄不明白该找哪个"有关部门"去申诉。

谁都想要拥有的走捷径,开后门,得些方便,在这个巨大的官场里面,全都齐备。说的比唱的还要动听,但是说归说,做归做。某位官员,若能够把私底下的路子都走通了,那真是要风得风,要雨得雨,一路绿灯,哪里还会惦记着百姓的疾苦和需求。

为了长久地保持住荣耀的职位,尽可能维持住终身仕途,在职官员需要一贯正确。为掩饰一个失误,管事者会说上一大堆搪塞的理由,往往会错上加错,把小失误熬成了大难题,或者牺牲某些下属,撤换几个办事员、编外人员、临时工。接着就会拖延,让时间来慢慢化解难题,时过境迁,真相早就被隐瞒了、遗忘了,再由其他官员出面,打打圆场,那曾经有损官威的事情,似乎都没发生过。

采用以这一批私民,制约另一批私民。让会来事的一些底层人员,接受某种编制,去管束更多为生活所迫,似乎不够听话的民众。用商鞅的话来说,就是要重用奸民,来惩治顺民。设置条件,底层互害,层层互害。本来可以通过合法渠道解决的问题,却被强压下来,其实是积累了更多的矛盾。

要把社会底层的吵闹者们,都安排妥当,使其自食其力,需要宽松有效的政策引导。如果老是利用不满者的劣根性,去以暴制暴,导致请神容易送神难,过后又要花更大的代价,使用各种手段,才能暂时地镇住那些不太安分的"刁民"。

在民间的向往与寄托里,"包公"是公平的化身。

众多私民,凭空幻想的公平待遇,完全不可能存在。

以天人合一的幻觉,述说着由上而下的治理。任命制下全天候的权力,哪管白天黑夜,看得见或者摸不着,代表天的是官方,直通那无限制的权威。那具有神秘感,无法掂量轻重,不可能摆事实,讲道理,平等对话。百姓绝对不准妄议朝政,被消除了认真思索,提出建议的可能,剩下的只能是全盘接受。

吃得苦中苦,方为人上人。做法千奇百怪,道路千条万条,目的就为了当上官。经千余年科举制度的熏陶,官员们读那圣贤书,究竟为了什么？十几年寒窗苦，就为了一朝得功名。从小接受要做人上人观念，以至于再也看不起体力和脑力劳动，看不起各类手艺，兴趣和爱好，满足于掌握权力的荣耀，骄横跋扈的官威，彻底泯灭了良知。

千方百计挤进仕途，就得按照潜规则行事，把下属统统管起来，把民众的劳动成果拿过来。

以我国人口之众多，世俗功利性之强烈，相互间明争暗斗之无休无止，为维持层层手工操作，统一步调，耗费着无数官吏的才智伎俩。以至于花样层出不穷，手段无所不用其极，决不可能会稍稍放松。

官员对没有直接利害关系的普通民众，那是相当的怠慢，摆足了官威。什么时候大难临头了，才会想起要使用民众，这样以邻为壑，只顾本群、本帮派的利益，彼此间有极大的防范之心。为了能混得有头有脸，一呼百应，一旦当官，无师自通，奉上压下，运作权力。

官员们为达成自身利益，出于对于权力的盲目崇拜，努力执行上一级领导的重要指示。谁的职位高，他说的话就一定正确，就必定管用。这种泛滥的造神运动，流行开来，凡是上级官员发了话的，都得去照办。

一味宣扬上级的正确，"爹亲娘亲不如上级亲"，成为了常见的口号，仿佛都被灌饱了迷魂汤。官员们为了追求表面的光鲜，放任空话盛行。成绩归了自己，有了麻烦推给他人，旁敲侧击，指桑骂槐，拿捏分寸，说着官话，终身徘徊在官场的迷宫里面。

问题在于，既然说的比唱的还要好听，只要对上奉承得当，那里还会有真实的监督。官员们堕落了，朝三暮四，醉生梦死，敷衍了事。越来越多的官员，都在及时行乐，胡作非为。

每一个地方，每一个部门，其上下级关系，迟早会彻底庸俗化，变着戏法糊弄他人，真真假假，虚虚实实，形形色色。接着开出五花八门解决问题的药方，牵扯太多，仿佛任何人都脱不了干系。都在以其人之道，还治其人之身，大家都无师自通，打打太极拳，将就着，就看谁出奇制胜，更上一层楼，能把其他人玩的团团转。

到了参与者都假戏真做，混过算数，对腐败行为充耳不闻，或者以派别做分界线，反复洗牌，表演选择性反腐的时候，正是化解不开的死疙瘩啦！

官员队伍会越排越长，一旦知晓了作威作福的诀窍，都在往里面钻。客观上是需要相当的官员数量，才能稳定治理，毕竟休戚相关，岂能不帮忙和扶持。然而，凡事都有一个限度，等到官员实在太多的时候，坐吃山空的事，也必定发生，一旦经过了某个历史的拐弯处，原先勉强维系的表面太平，就会连锁反应，天灾人祸，层出不穷。

这就形成了一个首尾相接的怪圈。有那么多会精准拿捏相互关系，却又别无一技之长的官员，成为了社会的主宰，天天在发号施令，做表面文章。实际上已经是冗员遍布了，那些更为耍小聪明，更为随机应变的官员们，又在不断升迁，相继得势了。榜样的力量是无穷的，近亲繁殖，增添那吃官饭的闲职，制造出更多因人设事的官位，弹冠相庆，开支无度，社会实在不堪重负了。

来自各地的众多上访者，盼望当今的包青天，期盼纪检委，信访办，监察局……没完没了。现实里，申诉却发回当地审理，老是被报复，被处理，被抓捕，被折磨，依然还是痴心不改，头撞南墙终不悔。

3. 乞求来的自虐

在朝廷严密控制下，想靠着乞求，得到公平对待，只能是异想天开，期盼包青天的情结，终将竹篮打水一场空。

包青天经过皇上委任，私下里吩咐，才能获得一定权力，才可能办成一些事情。

即使哪个朝代，出现某个包青天，他也太忙了，太累了，太罕见了。

各级官员，聚集在官场里面，暗箱操作，加官进爵，厚黑学泛滥，潜规则大行其道，狡诈伎俩、计谋、权术，用迷信假冒信仰。官员自认高人一等，又总在防备其他人等，会不会图谋自己好不容易才得到的职位，处处防不胜防，活得很累啊！

一人挑，二人抬，三人没水喝，事事手工操作，没事找事。置身官场里面的起落不定，官员们由此变了模样，节外生枝的层级，使官员的权限，在任意扩张。

身后有余忘缩手，眼前无路想回头。

打开精神枷锁，有了自由的身心，人人都有可能开动大脑，明白地分析情况，提出有益的方案，有助于解决问题。

放眼人类居住的大多数地区，选举制取代了任命制，政务公开透明，取代了暗地里操作，尊重人权，自由民主，成为了不可抗拒的潮流。

什么是真相？什么是民心所向？公道自在人心，实在不应该由某一位官员，做一个指示，说了些话语，就成为铁板钉钉的事情。

当代人的成长道路日渐宽广。那局限于某些经济领域调整，一味偏重于经济利益的分配再分配，造成社会内在矛盾日积月累。任何片面的，局部的调控，顾头不顾尾，因小失大，都在阻碍健全社会的形成。

公民应有各项正当权益，不是由哪位领袖恩赐的，谁都不是救世主！

每个人，必须努力成为公民。

包青天作为道德符号，用来乞求跪拜的年代，应该结束了！

第十章 千年长梦

古人庄子，一日突发奇想，描述自己曾经的逍遥漫游。话说在某次舒服睡着了的时候，梦见庄子变成了一只硕大的蝴蝶，煽动着美丽的花翅膀，翩翩起舞，想到哪里就飞往那里，悠游各处，好不自在。醒来后的庄子，却有些恍惚，百思不得其解，回忆不起究竟是自己做梦化为蝴蝶，还是蝴蝶在梦中摇身一变，成了当下正在讲故事的庄子。

1. 唤不醒的私民

在本民族的种种传说里，我们老是会不知不觉地去刻画各种动物。其中，有些是实际存在的动物，有的是通过主观想象，拼接臆造出来的动物，比如说黄龙。那是谁也说不清楚的，还会继续演化的形象。由此，先辈们傲视其他民族，自认为别具一格，妙不可言。

众多私民，以黄龙形象作为图腾，有外族人弄不明白的种种私密感觉，就真能够超越其他民族了吗？

那就是一个梦境。

当今地球，有超过七十亿的个人，有着各类精神寄托。大致来说，其中有五分之三的人相信一神教，以期盼的心境，追寻超验的唯一真神。还有五分之一的人相信自然多神教，敬畏诸神众佛。另外的五分之一，大多是华人，并无超越实际用途之上的信仰，只关注今生今世的祸福，在拥戴，或拼接那当下的偶像。

以自家传统作为标准,给其他人、其他民族的文化,贴上某种标签。既然有了先入为主的固定模式,不情愿客观如实的去看看,别人真有什么不同,具有哪些长处,有哪些值得学习的优点。习惯于继续做千秋大梦,实在不愿意被惊醒啊!

有多少私民,以不变应万变,凡事都认定是自己的对,还在一门心思做着难以达成的黄粱美梦。

习惯成自然。作为私民,很多时候,单凭道听途说,从没有准确翻译过来的文字,去理解活生生的其他人,其他类型的社会生活。常常会从想当然出发,以自己的眼光,去看待他人的生活,以为都跟自己差不多,往往知其然,不知其所以然。

当我们把国外传进来的信息,着力转换,成了表面一一对应的汉语文字时,有多少本来的涵义,被修改了,往往不能确切表达。不去如实把握其涵义,而是夹带了种种假设,变成别有用意,具有了国人心目中的另一些象征,添加了故意的偏见。

有些字或谐音因为巧合,也挺有趣,如巴黎市中心就有了"老佛爷商场",出国购物者,趋之若鹜。有的谐音,前言不搭后语,东扯西拉,其间完全没有实际关联,却断章取义,还在一本正经的极力自圆其说。

对从国外引进的词组、观念,以本民族勉强对应的字或词,以本身习惯的某些说法,张冠李戴,做出那符合传统的固定解释。

这样一来,尊重保护个人权利,就被当作可有可无。

思绪狭隘的私民,所能够理解的权力,则无一例外,都是由上而下的,是天人合一的,一直由天子掌控,被官员们任意操作。上级恩准给下属什么好处,某些个私民,才可能得到些什么,也就是百姓完全没有权利,被赏赐给予多少,才会得到一些。

由于没有依法治理的社会环境,在消除了所有民间团体,所有自治组织存在的可能之后,官员有诸多的随心所欲,肆无忌惮,百姓就有相应的低三下四,勉强度日。那些官方颁布的刑律条文,令出法随,执行起来,注重惩罚,作为上级的规定,是管理众人的工具。

如何理解个人的自由？有些人随意加以曲解，被描述成，没听从现任官员的话，另搞一套，被无端指责。那就是绝对的放任自流，任意上纲到就是无政府状态，加以彻底的否定。其实，这些莫名其妙的说法，与自由的本义，完全是两回事。

这样的张冠李戴，替换了原有概念，然后再去强加于他人的事，实在是太多了。往往生搬硬造，看起来字面仿佛类似的话，一旦去实施，就完全背道而驰，大相径庭。

如果我们不能认清真实情况，那就可能会在大白天说梦话，无法去了解真实情况。漠视理性，就难以真正理解科学定律，会停留在感官层次里，以偏概全。过于讲求眼下的运用，凡事都要求有立竿见影的效果，以至对科学知识，也抱着先入为主的态度，按照切身利益的需要，划分能否对己有利，截取出合乎自身习惯的那些部分。

2. 但求梦长久

相当部分的人，至今还是活在糊里糊涂的梦境中。

稳稳当当做着私民，只求摆弄好身边的上下级别联系，拿捏好分寸。不管整个环境有什么变化，总是全盘秉承既定做法，坚决地跟牢上级。抱着偏见不放，比单单缺乏相关知识可怕的多，自行关闭了通向真实的可能。

面对变化着的现实，应该说实话，办实事，从客观存在的情况出发，求真求实，直面自身的不足。面对已经发生着的变化，那需要有什么说什么，加以客观的分析认知，哪怕必须从黄粱美梦里惊醒。

若仍然强调传统的评价标准，行为规矩，就更多是一种主观臆想，往往是由现任的官员说了算，什么可以做，什么不可以做，维持既定的生活状态，求稳怕乱。

从个人的生活的需要来看，会有三个层次的活动：谋生的，相互交往的，有关灵魂的层面。

　　第一个层次是生存的基础条件，任何人都要有所努力，从事一个适当的职业，工作赚钱，赡养家庭，以维持基本的生活消费。

　　第二个层次，表现为人们相互间交流交往的需要，有共同认可的一些行为模式。为此，有的人下了很大的功夫，取得了丰硕的成果。他们在职务升迁，或者权势群体里面，顺风顺水，得到了较高的地位。有令人羡慕，光彩傲人的家庭生活，有了耀眼的面子，过得有声有色，儿孙出息，光宗耀祖。

　　第三个层次，努力构建自己的精神世界，需要认真的独立思考，把握自身，有所追寻。这是相当个性化的事情，只能够由当事者去努力。如同苹果公司乔布斯所说："最重要的是，勇敢地去追随自己的心灵和直觉，只有你的心灵和直觉，才知道你自己真实的想法"。多少人终其一生，也没有形成自己的，那与众不同，独具一格的心灵。抱着随大流想法的人们，日子还过得去，也就算了，并不在意追寻自己的心灵。

　　人生的追求，本来就是多种多样，有人能力强一些，身处的环境比较顺利，实现生活的目标快一些，有的则会经历各式各样的波折。侧重精神追求的人生，从真、善、美出发，会百折不饶，遇到困难挫折，依然能够继续去坚持和奋斗，这本身就是有意义的事情。

　　展现自己那与众不同的灵魂，将其发扬光大，以其光辉照亮人生，尽力开拓，影响和鼓舞其他人！

　　如果延续传承惰性，就会忽略那自身成长。

　　多少私民，身心都泡在低层次的需求里面，寄希望于偶像化人物，听从其一锤定音，期盼哪一天，又能出来个大救星，救苦救难。

　　一再局限于相互间的得失比较，追赶表面的浮华，只会越来越偏颇，不可能从迷梦里醒来。

3. 画不圆的迷梦

一味迷信权势的漫漫长梦，实在应该醒醒了。

在既定传统里面过活，祈求与周围其他人差不多，能够完全打成一片，你中有我，我中有你。基于人口众多，到哪里都有众人陪伴着，看到的都是大声喧哗，热热闹闹。

那无所不在的群体关系，把每个人都包裹其中。家庭中，单位里，每天都有那么多需要照顾的事情，忙也忙不完。面对那么多的交往应酬，谁都着力于跟着走，忙个不停，还生活在长辈、上一级的影子下面，再多的奔波，可能得到什么结果呢？又会有多少人，真正关心自己心灵的成长？

如果仍旧抱着遇事跟随的态度，仿佛关注自己的心灵成长，就是无事生非，自寻烦恼。

活着缺心灵，仅剩下恍惚。

照画旧年符，命运亦重复。

抱着从众心理，老是想走捷径，贪图蝇头小利，把遇到的实质性问题，轻描淡写，文过饰非，打落牙齿往肚里咽，还是推卸责任的态度。

继续当着私民，看起来很省力。

当还未能精神独立时，多少私民，都在攀附群体中的某个上级，陶醉于闷声发大财，满足于既定套路，被安放在群体关系里面讨生活。

置身其中，似曾相识，周围的私民，都是如此这般的混日子，无时无刻，任由上一级来管着，教诲着。那种意识层面的牢笼，如同无形却又周密的电网，哪一位不小心触犯了，后果会很严重。那会使他里外不是人，长久地被冷眼相待，被歧视。关在那无形的笼子里面，相互间的倾轧，会越逼越紧，都不需要用鞭子驱赶，众多私民，在相互挤压，被彻底卡住，迈不开脚步了。

长期被操控，成为了惯例。那些操控者，绝不会轻易放手。那被圈养得到的荣华富贵，凭借着私人关系，时时给当事者雾里看花的感觉，执迷不悟，沉溺于长长的梦境。

　　如何由盲目从众，转变到心身自由的社会公民？如何走出既定的尊卑连结，客观看待自身与家族，与群体的关系，不再一味遵循往昔的轨迹，不再把自己，仅仅归结为所在圈子里面的某个部分。经由自身的努力，从"一帘幽梦"中惊醒，才能真正告别身心的依附，走出生来就被圈养的精神牢笼。

　　每个人都应当自行选择。

　　寄托于某个偶像，某个图腾的恍惚之梦，必须惊醒了，应该去经历醒悟的人生。

　　每个人都能够有感悟，有知觉，真正亲力亲为，思索现状，付诸行动，解决问题。人多想法多，渐变整合为精神层面的飞跃，我们这个民族，未来将不可限量。

　　民智正在开启，潮流浩浩荡荡。

　　梦里私民有不少，似醒未醒已拂晓。

　　沉睡在往日梦境里，老想着当官发财，睁开眼什么都在变，今天在"地球村"里面，再难以不变应万变了。循古非今，梦境绵绵，实在是不合时宜了。

　　千年长觉醒，不再陷梦境。

　　努力作公民，你我在前行

第十一章 私民，没有未来

历代私民，犹如一盘散沙，存活在宗法血缘家族里，心思多用于维持群体内部的私下关系。他们从来没有生而独立自主的观念，没有体会过真实的个人自由，行使作为公民的基本权利，身心一直被陈规陋习，被官府奴役着。他们吞咽着昨日的怨悔，止步于当下的苟且与算计，却没有能够自主发展的未来。

1. 私民生而不自由

早期人群的生活，基本上是按宗法氏族血缘关系聚居。由部落首领来安排成员们的生活，安排着各类收益的分配，赤裸裸地使用原始暴力，分出胜负，来决定有关人员的地位。那是生来就不自由的初级阶段。

借助宗法制度，产生各类权力机构，使所有居民，遵循丛林法则，受到暴力胁迫，按照强加的等级身份排列，维持那些低层次的需求。这是社会发展一个重要而漫长的阶段，能够按照某种秩序，去安排民众的生存。

在此过程里面，我国人口最多，各类官僚机构遍布辽阔的疆域。稳定的时间最长，形成了有效的全面管控，有了与之相适应的社会状况，其巨大惯性一直延续下来。以至于时过境迁，既然强行管理的老办法行之有效，就还会按照原先的方式继续着，止步不前。推动进一步转变的内在动力，基本上消失了。

众多私民，长期被奴役，在被组织的过程里，完全没有个人的发展空间，心身自由更是无从谈起。在封闭型的农耕大陆里，一再强化着等级秩序，维持着既定格局。这与官家主义通行，丧失自治能力，百姓委曲求全，向往升官发财，开后门，走捷径等诸多因素，交织在了一起。

那些强势者，代表了正统，每一个官位，都是由上级任命，从前任那里继承过来，都在鼓励去当"人上人"。朝廷建立各类派生机构，自上而下，增员扩编，逐渐膨胀，顶戴花翎，愈来愈多，供养增加，坐享其成。

那层层叠叠的官府，一直作为主导的体系，其他各种类型的封闭群体，都似乎是挂靠在这一体制下面。或近或远，已经有了明确的行政级别，官就是官，民就是民，一目了然，沿袭已久，经过了无限度扩张。不管用了什么样的名称，做出什么样的姿态，且上下级别越是分明，还就越是服从。对此全身心依附的传统，谁也不敢再有异议，哪位还能越雷池一步。

由此，多少私民，失去了自主性，完全是上行下效，无条件地跟从，成为惯例。由此，不再自行去辨别是非，遇事不关心真假对错，不在乎是非曲直，缺少说真话的勇气，即便明知是指鹿为马，也会附和着，对上级的指教，感激涕零。一对一地表忠心，遇事关注的是，谁的势头更盛，讲究如何能讨个乖巧，尽力跟从。

作为私民，老是指望得到权力的庇护，漠然地习惯于整顿、清洗、拉帮结派、路线斗争，依从那专制权力至上的套路。在被迫服从里，相互比较的是，看谁更能假戏真做，在此依附权力的过程中，遗失了所剩无几的良知。

近代以来，我国通行那些官方认可的体系，由上而下建立起来的组织。主导的是国家机关、国营企业、国有事业机构。其次是有明确的隶属关系的单位，或有着挂靠关系的集体企业，在工商行政管理部门登记的个体工商户，民政部门登记的团体学会。如果还有些自行的组合，都是短暂的、非法的，必须取缔，给予瓦解的。

这样一来，权力的作用更广泛了，从高高在上的官府，全面扩展到相关附属单位。相关者按级服从,在既定的实际控制里,听命于实权官员。当掌握了最多的人力、物力、财力之时,掌权者骄横无比,被奴役的队伍日益膨胀,还会齐声叫好,什么匪夷所思的事情都会发生。

那些代表正统的官员,都在维护切身的利益。他们自有一套处事标准,有各项轻重缓急的关系要照顾,都有着相关的私下利益,强势者的切身利害最重要。多少事情都被搪塞过去了,还说的很冠冕堂皇,来自正统机构的指令不容置疑,听从也好,强制也罢,反正就这么办了,不允许讨价还价。长此以往,人们不能如实说话了,即使有什么看法,也不敢当面表达出来。彼此防备留一手,隐瞒和忽悠盛行,当事人都嘴上说些新名词,实际做着老一套。

作为私民,从自身来讲,精神上不能够自立自主,老是等待他人来关怀与指导,拉帮结伙,卖身投靠。从来没有自己的主见,遇到事情一定是无所适从,在横行霸道与惟命是从,趾高气扬与点头哈腰之间,来回挪腾,跟随强势者走。

2. "洞穴"里的私民

众多私民,止步于勉强存活,指望那温饱小康,自以为这就算成功了。传承的行为规矩,早早成为唯一有效的运作,完全无法设想,还会有什么真正的变化。

柏拉图有著名的"洞穴"说,那种在洞穴里长大的人们,即使离开了洞穴,依然按照脑海里的印记,还会重复原有的狭窄思绪,以获得点滴实利,并由此为荣,怎么也走不出来。无数私民,在反复内卷化的群体里,在叹息点滴得失的"洞穴"思绪里,照旧裹足不前,用这种偏执的尺度去理解一切,反复演绎着悲剧和闹剧,极不情愿真有什么变化。

在自我封闭的群体里活动，遇事就从狭隘眼界加以解释。对于无数私民，封闭的群体，成为了基础，成为了依据，浑浑噩噩，就是其赖以生存的"洞穴"。

在与世界隔绝的岁月，在既有的传统观念里，众多私民，拿着鸡毛当令箭，自以为能靠拢"人上人"了，已经非常成功啦！其行为标准，没什么变化，几千年如一日，来来回回地运用着。

曾经，面对外部的变化，外来的影响，长辈以不变应万变，都能以原有的方式应对，也很见效。对各式各样的事务，只是以既有的方式去了解，去处理。寻求对自身有利的东西，其他的都不接受。由于我国太大，看起来所有人也都规规矩矩，照此办理。多少年就这么过来啦。

一旦真正能看到"洞穴"之外，天地广阔。走出华夏的"普天之下"，我们看到了以法律保护公民的社会存在。

建立完善的法律制度，保障信仰与选择的自由，是公民生活的目的，也是推进经济和社会发展的过程，更是现代人生的内在需求。

源于人类早期的中亚新月沃土文明，在公元前1776年，就订立了《汉谟拉比法典》。促进环地中海周边区域的发展，通过各地贸易往来，文化交流，产生了辉煌的古希腊城邦制度，保护着城邦公民的自由合法权益。

欧洲各国在文艺复兴之后，公民意识觉醒，社会制度或快或慢地改革着。个人作为独立主体，生而自由平等，信息公开，经过和平的正常交往，公正的选举，平稳的政府机构人员更替，不再容忍滥用暴力。由此进入到自由合作，自行组织，每位公民，每个团体，可以做出多种选择。

从我国的现实来看，完全压抑了民众自行组合的可能。那些正式的组织，完全处于由领导说了算的状况，一旦内部出了什么偏差，或发生了某些问题，方方面面互不信任，就会敷衍了事。

一元化要统管一切事宜，其中有了失误，谁也说不得。随着派系分化，自相矛盾之处愈来愈多，积重难返，推诿掩饰，一味从外部找些原因，对内则强化行政权力，堵塞任何实质性变动的可能。那些不可能自行纠正的偏差，在失去了其他社会力量的制约之后，问题丛生，矛盾会愈发增多。

在向内运作的诸多群体之上，最高权势群体，为确保自身利益稳固化，控制一切，包罗万象，整顿媒体，规范每一条舆论渠道。任何个人，都被组织在既定的群体里面，不允许自说自话，只能作为更高一层的附属物，习惯于跟随大流。

继续充当私民，维持"洞穴"眼界，也就不会重视每个人自主的想法，失去了争取自由的可能，失去了改变糊里糊涂状况的渴望。人们只会安于现状，不求有功但求无过，没有什么明确目标，就想着还能将就活下去，也就随风飘荡，滑到哪里算哪里。

通过加紧控制，对不同看法，绝不允许公开自由的表达。众多私民，都处于被动状态，假话空话泛滥，屏蔽隐瞒真相，整个管理系统的效率，经过层层加码，为维系既定利益格局，反复强化。由此掩饰真相，老是想着过滤言论内容，以行政指令替代法治，有数不尽的条条框框，使用于管制的社会成本，日益沉重。

各种矛盾日积月累，由轻变重，处处设防，事事限制，如何照旧维持下去，也会成为大问题，成为了社会无法承受之重。

没有落到实处的宪政民主，社会转型将会走走停停，彷徨带来徘徊，决不会产生出真实的良性发展。

进入信息化时代后，与"两头小，中间大"，比较平衡发展的橄榄型社会不同，仅靠垂直链接，等级分明，建造维持的，是陡峭金字塔型社会。如此激化内在矛盾，那被动性的因人设事，逆向淘汰，缺乏弹性，形成裂缝，利益得失，日趋悬殊。

越是为了门面上的光彩，去事无巨细，实行完全的控制，不准探讨深层次存在的问题，相关者都装着视而不见，越忙越乱，于事无补，结果，一定会堆积困难，形成为不治之症。

强化控制，坚持"洞穴"思绪，与加速发展的现实脱节了，迟早会带来剧烈震荡，或者造成断裂式的塌陷。

3、世界已巨变

毕竟，时代已经翻篇，再抱着老规矩不放，必然落后，铁定被动。必须使每个人积极主动，转型成为公民，争取和伸张基本权利。通过努力，自主的程度从无到有，自治的能力由弱到强。

保障自身权利，已经从外来影响，变成了每个人的基本需求，成为了时代的强烈呼唤。

改变层层加码的手工管制模式，应该有制度化的解决方案。在已经变化了的利益格局里，若片面地去就事论事，修修补补，怀着扭曲的心理，往往南辕北辙，找不到明确的发展方向。

各类互联网信息，传播越来越快捷，每个人都成了无限网络里的联结点，无法遏制的有了独立看法，有了行动，开始行动起来。

通过开放媒体，打开那原先封闭的群体，认识事物真实情况，才能真正向前看。每个人有了开阔的眼界，大家心平气和，畅所欲言，各尽所能，就可以建设性地推动发展。

机不可失，时不再来。在明朝的 1607 年，由徐光启等发起，着手翻译印刷欧几里德《几何原本》上半部分。那时，我国已经十分迫切需要引进科学知识，却由于处于朝代末年，翻译就停了下来。到李善兰在 1856 年的上海，再翻译印刷欧几里德《几何原本》下半部分，时间过去了整整 250 年，如此漫长的等待，失去了多少可能的转机啊。

如今，从企业公司、经济团体、社会组织……到思想观念，第二代，第三代农民工，独生子女新生代，整个社会，同时发生了太多的变化。

在信息量暴增的今天，进入 2010 年，全世界每两天产生的信息量，就相当于 2000 年以前，数千年人类所产生信息量的总合。

面对多样化的竞争，多元化的价值取向，多彩多姿的人生，多类型的自行组织，还是应用一元化的人治办法，由权势者来充分享用，社会容忍度到底有多大？究竟还有多少效果？

对体制内部，还在勉强控制。

可在地球村里，哪里还有纯粹的内部问题呢。

当今，信息高速传播，是民智渐开的年代，凡事不再能由上级一手包办，不可能长期掩盖真相。成功转型的基本途径，是大力推进法制建设，由公众自由言论，充分表达，促使每个群体走向开放。那就需要舆论渠道的畅通，各类权力的制衡，以公开化和非暴力途径，主动追寻变化。

放眼世界各国，真有了宪政共和，法治民主，畅所欲言，积极行动，多元化发展，才能保障制度化的公民社会，走向持久的繁荣，稳定，强盛。

此一时，彼一时，新生代正在成长，我们现在经历着的变化，远远超出了以往最大胆的设想。

是继续强化控制，日复一日，年复一年，代复一代地，如同活塞般地维系，做无谓的损耗。或是自觉变革，经过历史性的阵痛，从私民，真正变成为公民，从扮演某一类扭曲变形的角色，到成为一个真实的人，敢想敢做的人。

明确了发展的目标，人们就能够坚定决心，迈步前行。许多事情已经被耽搁得太久了，正是在今天，加大实质性的开放与改革，不见得会出多大乱子，而停滞不前呢，肯定带来没完没了的瞎折腾。

第三篇　　螺蛳壳里做道场

　　这是一句南方俚语，形容因格局狭小，所有人的精明、能干受到约束和局限，无法施展，凡事受制于相互间关系，做不成真正的大事业。

　　几千年如一日，专注于由谁来管着其他人，以此为尺度，狭隘而重复。在本来"天高任鸟飞"的华夏大地，经由内卷化的控制，浪费了多少人才，消除了本来各有其长的佼佼者！

　　那凝重的氛围，日渐收缩的眼界，压抑着每一个人，熄灭了所有参与者的生机与活力，泯灭了真正的社会变革。如同寄生在那些小小的螺蛳壳里，在瘫软了的状态里，只能遇事将就，换了一任掌权者，过程又重新经历一遍。

第十二章　儒家三变

　　华人熟悉的儒家学说，经历过数十个朝代，潮起潮落，孔子成为了传统文化的代表人物。在较为太平的岁月里，儒学有助于形成良好的个人修养，到了朝廷面临危机时，往往就被高调推行，成为强化思想控制的工具。

　　作为祖师爷，孔子开创了学派，后来的儒家学者继承延续，在漫长的2500多年里，可以看到儒家学说大致的走向，看到三次大的演变。

1. 克己复礼

春秋时代，儒家是诸子百家中的一家。处于正常学派竞争的环境里，那时，谁都可以对儒家评头论足，说三道四，并没有什么官方的保护伞。史料记述，春秋战国时期的各类学派，多达189种，儒家在与其他学说的争论之中，取长补短，得以丰富，表现出很强的生命力。就是在儒家学派内部，又形成八个分支，也都作为三教九流里面的组成部分，处于不断的发展之中。

孔子曰"吾十有五而志于学，三十而立，四十而不惑，五十知天命，六十而耳顺，七十而从心所欲，不踰矩。"他的人生阅历丰富，周游列国，弟子众多。记述其见解的"论语"朴实无华，以"克己复礼为仁"作中心思想，以"周礼"作为言行准则。他对抽象的论证不感兴趣，关心着日常的为人处事之道，讲求的是"己欲立而立人，己欲达而达人"，希望形成礼仪之邦。

孔子身为成功的教育家，诲人不倦，有教无类，注重培育学子。通过讲授"克己复礼"，"安人修己"的道理，把弟子们的言行举止，直接引导到符合礼仪规矩，用以正心、修身、齐家、治国、平天下。非常直接实用的论述。

适应那时封闭的农业内陆环境，儒家维护既有的正统和权威，拥护"天子以令诸侯"。其学说力求合符礼仪，以东周王朝的需要为纲，来编排散居各地诸侯的次序，使之各就各位，叙述着那时的状况。

孔子传授"六经"，阐述《易经》，讲述了天、地、人这三才。儒学着力论证了"立德、立功、立言"这三不朽，把其上升到生命意义的高度。在那春秋战国年代，能够饱读圣贤书，去建功立业，并传续家业者，大多出生或附属于富贵家庭。

功名和利禄，当然只能由那时的诸侯来给予，如何竭尽全力，谋取到一个官职，由此作为成功的标志。在为王朝，为诸侯，为本地大家族做事情的同时，落实到为自己的家庭，谋求一些利益。

当参与各类祭祀礼仪时，儒生们提出遇事要恪守和恢复传统，回到井然有序的过去。向祖先学习，什么都是前辈立下的规矩好。讲究既有的次序，遵从有主有次的身份，以便不温不火地，保留原有状况，让儒家门生有一个落脚点，期望在乱世之中，保持先前的做法。

当儒生把所有的希望，都寄托于当时居高位者的时候，儒生与当权者，相互之间彼此需要。要得到功名，关键是有没有"知遇之恩"。对权势者而言，需要的是"可用之才"，既听话，又能够处理当下种种事宜，以便把既定秩序维持下去。这正是历代统治者喜闻乐见，大可以放心使用的学说，在"克己复礼"旗帜下，守成守旧，以求稳定。具体内容也是根据在位者的好恶来定，那是相当的适应与好用。

为什么出错的，都是那不听话的乱臣贼子，是那些被分封的诸侯呢？孔子面对礼崩乐坏的局面，提出了看法。那是由于臣民们犯上作乱，不再遵守原来的礼仪次序，随意地破坏践踏原有的规矩。他并没有循序渐进，继续发问：是不是礼乐规矩本身，出了什么问题？是不是那些个体制自身，也需要做出某些改变？

当社会处于起伏不定之中，那个时代的学说，往往会有悲观情结，哀叹世态凉炎。什么都不如祖传下来的好，向过去看，向正在消逝的旧秩序里面看，企盼恢复传统的礼仪。作为学者的一己见解，确也无可厚非，如果强迫整个民族都要这样去想，就会贻害无穷了。

"尚古"，什么都要以上古作为标准，作为对照学习的经典。现实中间总有种种的不如意，到哪里去找寻比较，找寻理想的榜样呢？是向过去看，还是向未来看？当太平岁月过去了之后，身处乱世，许多人会祈求稳定，向往什么都有明确规矩，怀念过去似乎安定的岁月。

孔子说过许多话，他曾经的名言是"己所不欲，勿施于人"。这里说的"人"，是不是一视同仁，泛指所有的人？对遇到的每个人，都应该怀有仁慈之心，尤其应该扶助贫弱者。或者仅仅是特指的，即有一定社会地位的人，可与之平起平坐，相互间能够以礼相待的那些人物？

儒家宣扬"克己复礼"的主张，对上全然地服从，力求消除可能的独立个性，漠视自身的正当需求。认为由此能够大治天下，也就能够返回到往昔的治世，指望出现温和的，比较仁慈的周王。当年的孔子在力挽狂澜，期盼回到周王朝曾经鼎盛的岁月，作为他的努力目标，在那个时代，有维持稳定的意义。

2. 天不变道亦不变

岁月苍桑，到了汉代，形成了相当稳定的大一统专制王朝，为了教化再度安顿下来的众多私民，儒家学说发生了第一次转型。

汉代董仲舒提出"天人合一，阴阳贯通"的观念，把玄虚的"天人感应"、"阴阳五行"融入儒家学说，宣称"天不变，道亦不变"。把人们分为三六九等，分而治之，总结出君为臣纲、父为子纲、夫为妻纲，倡导仁、义、礼、信、智的三纲五常说教。用行政权力加以实施，重新解释儒家学说，使之泛道德化，形成了教条。与汉王朝开辟疆土相适应，做学问的，百家争宠，儒家成为了官方正统学说。继而废黜百家，独尊孔子，用儒家学说来教化普通民众。

从那时起，儒家经典，作为政教合一的说教，传承了两千多年。随着历朝历代的具体需要，经过多种注释，很难说完全是祖师爷的真传了。其中的教条，经过发挥，往往举一反三，有了相当多的形象比喻，借古讽今，意味深长，包含着历代传承者自身的种种添加。

孔子被朝廷册封为御用的圣人，有着规格越来越被尊崇的头衔。在山东省曲阜，有着宏伟而显赫的孔府、孔庙、孔林。儒家学说用于科举应试，教化万民，直到"半部论语治天下"，被推崇到无与伦比的高度。说的人往往并不身体力行，却抢先站在道德的制高点上，看起来有高度，有广度，其实是讲给别人听的，给人至高无上的感觉。时间长了，大家心知肚明，都在心照不宣，把这出大戏照旧演下去。

为什么宣扬善良忍让的那些伦理，都用于教化百姓？企盼着那决不可能出现的"好皇帝"？我国历代曾经有过的近五百位皇帝，太少出现那"圣人君王"，几乎没有那一个朝代，真实行过"贤君政治"。多少皇上虎头蛇尾，昏庸无能，后期不如前期，滥杀无辜，一意孤行，几乎成为必然现象。其中还出现不少疯狂、失态的残暴者，给百姓带来了无穷无尽的灾难。

在又一次结束分裂状况之后，隋炀帝大业三年（公元607年），皇帝颁下诏书，开设进士科，把读书、应考、做官三者结合起来。设立常科，制科，常年都有考试，其考试科目，逐步增加到五十余科，多与儒学有关联。与先前的只有在任者荐举，才能做官的办法相比，为广大儒生指明了努力方向，开阔了仕途，"万般皆下品，唯有读书高"。

读书人有了规范的上升通道，儒家得到了扩张的门路。生员们欢呼雀跃，兴奋不已，确立了标准的"做人"模式，充当御用文人，升官发财，儒学成为正统经典，深入民间。

到了唐代，儒家学说日益庞杂，由"入世学问"加以扩展。在孔子本人那里，是不谈鬼神的。"子不语怪力乱神"，开导他人"敬鬼神而远之"，教导学生"不知生，焉知死"。星转斗移，随着唐玄奘翻译的经书流传，从印度引进来的佛教日益兴盛。那期间的皇帝们，大力推广，百姓的广泛参与，禅宗弟子也越来越多。引入的佛家，看待世间万物，都是"因缘际会"，秉持"众生平等"理念，慢慢变通为热热闹闹、香火旺盛、有求必应的"临时抱佛脚"。

此时的儒家，也就顺势而为，融合了佛家观念，讲述彼生与阴间的故事。同时还融入了道家炼丹，寻求长生不老的观念。文人们得意时是儒家，失意时口称道家，困顿后需要菩萨保佑，又成了释家。三山五岳，诸多地方，儒家书院、道家洞观、佛家寺庙同地兴修，通行着儒、道、佛的三教合流。

3. "兴天理，灭人欲"

再过了好几百年，到了宋代，朝廷内忧外患不断，却罕有地对文人雅士较为优待，即使有某些"犯上"的言论，也概不杀戮。儒学在相对宽松的氛围里，逐步演变成为"宋明理学"。此时产生的理学，经过佛家和道家的渗透，挂着儒学的招牌，实际上却已是三者的混合物。孔子学说，鼓励中庸的行为理念。逐渐讲求"理一分殊，体用一源"。宣扬"理、气、性命、太极"，讲求"心学"，强调要"兴天理，灭人欲"，三纲五常的名教，摇身一变，成了玄虚的神圣天理。

朱熹为了弘扬儒学，重新编辑和讲述了《论语》、《孟子》、《大学》、《中庸》，为往圣继绝学。与文人们的太平盛世理想相反，当时的朝政日益艰难，朝廷外有金国侵扰的大患，内有税收度用不足之忧，瘟疫不断，积贫积弱。南宋年间，对金国称臣纳贡，强烈的尊重需要，与无奈的屈辱感形成鲜明对比。第二次转型后的儒学，大力宣扬"天下大同"、"尊王"、"攘夷"、"君子安贫乐命"。看起来无比光彩，其实是无可奈何的话语。

明朝伊始，是我国传统王朝走向没落的年代，伴随其流行的学派、学说，也运行在下降通道里面。早期对传统文化的自信心黯淡了，自豪感慢慢麻木了，陷于自暴自弃的消沉，颓废的气氛在蔓延。

朱元璋发布命令"率土之滨，莫非王臣。""寰中士大夫不为君用，是自外其教者，株其身而没其家，不为之过。"士人们想躲避官府，做个隐士都不行了。苏州才人姚润、王谟因征诏不至，被朱元璋斩首、抄家。士人本想安安静静的读书，也变为非法之事。此后，连隐居和回避，这最后一块保持相对独处的空间，也完全消失了。

文人们对于儒家经典滚瓜烂熟，用来比试文采，炫耀学问，不再勇于承担，兼济天下。原来的古代文风，阳刚之气日渐消弭，取而代之的，是表里不一，醉生梦死，是疲软萎靡的世风日下，由上层弥漫到中下层，腐败衰朽之风盛行。说一千道一万，遇到软硬不吃，私底下只在乎能得到什么好处的众儒生，曾经的"理想"，早已被供奉起来，束之高阁，成为相互攻击的用具。

以看起来崇高无暇的道德说教，遮掩着实际里的专制残暴。历代的官员们，都在助纣为虐。海瑞、郑板桥之类的"清廉"官员屈指可数，被官场视为怪癖之物，名声在外，实不重用，冷落一旁，根本不成气候。

崇祯皇帝自缢煤山之后，满族作为少数民族入主中原，为严格控制众多的汉人，需要继续沿用儒家学说，来套住文人们。为什么考据学会大为兴盛？上百次的"文字狱"，朝廷绝不允许儒生借古讽今，议论朝政。为了消磨时光，儒生们不厌其烦地引经据典，用来求取功名，讨得当今圣上的欢心。他们一门心思，钻进了故纸堆里，把本来就很混杂，画蛇添足般的考证，编排到更为繁琐，味同嚼蜡。使得绝大多数人都读不下去，由此来故弄玄虚。

4. 中学为体西学为用

千秋易过，朝代更迭，套路依旧。

晚清末年，来自大英帝国的兵舰，轰开华南的诸多口岸，所向披靡，逼使自谓掌管"整个天下"的满清王朝，签订合约，开港通商，成为众多国家之中的一国。在辛亥革命之后，儒家学说有了第三次转向，民国以来，其内容古为今用，与各种外来学说一道，或比较伸引，或加以诠释，做成为一个大拼盘了。国内外都有些"新儒家"的代表人物，大张旗鼓地呼喊着。

那倡导科学，走向民主的进程，冲击着封闭的华夏，冲击着传统文化体系。与现代文明直接比较，原先的儒家文化，内容太贫乏，太过单一，太固步自封了。在实际生活里，充斥着如何使用36计，算计他人，如何开后门，走捷径，弯道超车，卖身投靠，找寻制度的漏洞，冠冕堂皇地拿原则做交易，窃取功名利禄。

天朝大国的文人们，世世代代奉行儒学。为什么合符理性的，有实际用途的学问与知识，能促进生产力发展的，几乎全是外来的。那能够称为自己的，仍然还是儒学，努力举出适当的先例，用了多少世代，算作正宗的祖传法宝。

作为儒生，作为读书人，如果连儒家学说也被否定了，确实就一无是处，一无所长了。从康有为"康圣人"那里起，即便自身屡屡考场失意，内心不一定喜欢，也还是要举起复兴儒家学说的旗号。

值此一个转变时期，文人们期盼着，能推出新的儒家代表人物，能够多少保留一些传统的看家法宝。强烈的民族情绪，需要抚慰，需要某种满足感。既然实在拿不出新东西，就会再回向原先，看看能不能把老传统粉饰包装，重出江湖。

囿于中学为体，戴着儒学的眼镜往外看，什么是合原先规矩的，勉强可以采用，哪些已经超越了老规矩，必须加以排斥。断章取义，遮遮掩掩地改编那外来学说，嫁接的非驴非马，莫名其妙。

一百年来，儒学的地位飘忽不定，大起大落，一会儿被踩在脚下，经过五四时期大加批判，被那一代年轻人所抛弃。在"批林批孔"运动中，儒学更是被口诛笔伐，成了人人喊打的过街老鼠。

进入21世纪，时来运转，儒家学说，又被奉若神明，大量编进学校课本，国学班如雨后春笋，遍布神州。九五之尊的孔子铜像，一时间俯视着天安门广场，各地隆重举行"祭孔大典"，几百所孔子学院，办到了五大洲，数十个国家，似乎寄托着整个中华民族的明天。

孔子若地下有知，也早已习惯了潮起潮落。其变化的地位，由官方当下的需要而定，召之即来，挥之即去，旁观者众，各取所需。多少曾经的说法，都可以掺和在一道。难以弄明白的是，还有多少人怀着满腔热情，让儒学真正往心里去，似乎怎么解释都可以，成为增添色彩的传说。

平心而论，作为自古以来，能够流传至今的学说，儒学有无比顽强的生命力。当原先的三纲五常伦理，都已经成为过去式之后，儒学究竟还有多少积极方面，能不能担当起复兴华夏文化的重任，有多少真正能够为今天的人们所理解，所使用，并具有教益？

儒家学说经代代传承，作为正统学问，《四书》《五经》里的每一句话、每一个字、每一种语气、每一处可能有的细微差别，都为上百代的文人们反复揣摩，研习了无数遍。旁征博引，花样百出，各自以为标新立异的注释，连篇累牍，不计其数。其潜移默化的影响，早就充分地体现出来，一直在塑造着炎黄子孙的身心，维护着传统。

百余年来，人们为什么深切地感到，要学习现代先进文化知识，要赶上时代发展的节拍。社会已经有了新的需求，市场经济呼唤每个人的努力，科学的思维方法日渐普及。

能不能还儒学其本来面目，使之积极的部分，得以发挥，成为多元文化的组成部分，在崭新的大环境里，真正给人们以有益的启迪。

我国的传统儒学，亦在为西方学者所仔细研究。那里学术界诠释的孔子学说，与我们的理解，历史的状况并不是同一回事。他们力求能够分类，给含糊，多义并存的各类名词和语录，对各种模棱两可的概念，做出明确定义。

有人说儒家是心学，道家是身学，现在更需要的是人学。能不能在现代化进程里，站到新的高度，促成人学、心学、身学，真正大融合？

传统的学说，要从劝说人们忍受专制统治的功用，转到重新认识自己，理解变化。其间有漫长的路途，要一步一个脚印地走。

每一民族文化传承的长处，一定会通过各种类型交往交流，成为人类的共同精神财富。每个民族，迟早会以现代文化为主导，并保持着自身优秀传统，融合形成为现实的双元文化。

那就要求真求实，从世界来看中国，从自身做起，不能够只是花拳绣腿，老是虚晃一枪，只会要求，他人向自身靠拢。

能够真正复兴的，是什么文化影响，是什么学说？

是停留于天人合一，克己复礼，感慨万千？还是普及科学的思维方法，真正认知当今的世界？

是回到孔子,定于一尊?还是回到孔夫子以前,大兴诸子争鸣之风?

最应该恢复的,正是"富贵不能淫,贫贱不能移,威武不能屈"的大丈夫气概。

从真实出发,有恢弘大气的文化,中华民族才能有光明的未来。

儒学作为民族文化的重要部分,究竟象征着什么,是过去,是当下,或是未来?

这就需要返璞归真,从长计议,由亿万公民来确定取舍。

第十三章 真理与道理

什么是真理？哪些是道理？

作为社会公民，为了能正确地理解万事万物，必须尊重客观存在，运用逻辑推理，去认知真理。真理以自然科学为基础，具有普遍的意义，是一系列真实存在的客观规律。

如果继续囿于原有的传承，只是考虑维护所在群体的眼前实用，偏重于某种教诲，还在述说那片面经验，就会情绪化的人云亦云。作为私民，往往处于迷迷糊糊状态，仍旧跟随由权威来宣讲的"道理"。

日常侈谈的各类道理，主要应用来处理相互间关系，强调对某些人和事的感受程度，归结为某种主观性质的评价。那并不认真地对待客观事物本身，而是停留于某种比喻，能够自圆其说，宣讲过了，也就算完成任务了。

1. 真理

真理反映了万事万物的本质，揭示着其运行的规律，讲究清晰明了。其阐述着完整的概念，范畴，推理过程，能够反复论证，经得起时间的检验，处于力求真实全面的认知进程。

许多西方人士，坚持独立思考，"吾爱吾师，吾更爱真理"。

真理，对具有科学观念的人士来讲，有着准确的定义，严谨的推理分析，客观如实的演绎归纳。通过认知判断，抛开各种粗浅的胡思乱想，去除盲目跟从，能够进行认真的思考，使理性思维，由此得以展开。

在古希腊雅典，面对死刑判决，学者苏格拉底从容地说：我宁愿死，也要按照我自己的方式说话，而不愿以你们的方式说话继续活着。

对真理的论证，必须透过现象看本质，从简单到复杂，层层递进，十分严谨。提出有内容的命题，准确加以定义，尽可能充分地给予证明，认真探索客观世界的运行规则。

作为仍在不断丰富的论证体系，真理能够，而且必须经过参与者的积极思考，去进行批判性的论证，按步骤进行推理检验。认识真理的本源，就是热爱智慧，充分自由地去思索，需要经过辩论批判，任何的管制与强压，人为订立条条框框，或不准探讨的做法，都会严重阻碍其发展。

真理分为已经证明了的，用来进行证明的，还要去证明的三个部分。已经证明的真理，由各类基本的公式与定律所组成。用来证明的，是成为思维工具的逻辑学。要去证明的，是按照科学规则，由表及里，应用于经验世界。

为了认识真理，人们通过反复的探讨。从对客观事物的区分和定义开始，其证明体系，力求完整和彻底，观察分析事物运行的各个方面，通过对事物规律性的把握，发展为分门别类的种种知识。经过判断和论证的全过程，才能独立并自觉地应用理性，恰如其分地去把握人性、经验、实证、实践这些基本的概念。

两千三百多年前的亚里士多德，在雅典城邦学院里，构建了人类理性思维的框架，开始自觉地进行逻辑分析，使独立思考的个人，熟练加以运用，来认识世界。

讲到哲学史，那等同于西方的思想史。那里有数不尽的哲学派别，却有着相通的思维规则，通过各种认知和辩论，严格进行批判，必须以理服人，有条有理地进行论证，发展出完整的知识体系。

真理完全不是公说公有理，婆说婆有理，随心所欲的表述，模棱两可的忽悠。真理必须经过严格的逻辑论证，具有客观性、绝对性、抽象性、必然性，是按照理性思维方式，进行仔细分析，透彻思考，清楚表达，充分辩论，反复证明。

真理穿透了种种表面现象，成为理解事物本质的真知灼见。精神追求的根本意义，在公民社会里，一切向上提升的努力：正义、自由、平等、博爱、做善事，可以持续发展。由此，每一位公民，其实用不着太在意空洞口号，过多关注各式各样流行风气，不必盲目紧跟当下的时尚潮流。

认识真理，有完整的客观标准，有严密的公理证明，具有放之四海而皆准的性质。通过不断充实，批判性的论证和反驳，不断推进，使每个人能够充分地进行独立思考，发挥自身的创造能力。

热爱真理的人，遵守社会法治，追寻公平正义原则，开拓各个层面的更多发展空间，力所能及地参与各种实践活动。作为认知的主体，经过充分完整的表达，在符合逻辑的推理过程中，不断提出有意义的新命题。

真理引导我们发展现代社会。在那推理论证过程里，形成日益丰富的科学门类，实用知识，转化为各个领域的持续发展，既不容回避，也不会半途而废，一直在持续着。具有恒定性，普遍性的真理，是推动现代化进程的强大动力。

面对此情此景，有些华人感到无所适从，还是抱着习惯性的看法：那些真理，不就等同于一些大道理吗？往往会把随意挂在口头的叙述，与需要详细论证的真理之间，直接划上了等号。以为遇到同样的事情，今天可以这样去说，明天变一个侧重点，换一个角度，用某种情绪，另外讲出一番话，大丈夫能屈能伸，都是无可无不可的事情，何必那么较真。

一百多年来，面对由逻辑思维构成的真理体系，历来习惯于道理叙述的许多华人，从陌生到逐渐熟悉，加深了解，能够以正常心态，确切地认知和把握真理，获益匪浅。

我们面对的情况，是有些人故意的曲解，老是用点滴利益，以狭隘的眼界，作为取舍标准，既不能依据科学规则进行思考，也不会去努力探求真理。

2. 道理

维基百科没有"道理"的条目。百度百科对"道理",给出的解答为事理、规矩、打算、教义、法力、路途,有相当宽泛的解释。

在华夏,古人崇尚的"道",玄而又玄,只能笼统地感悟,难以用确切的言辞,明明白白地表达出来。

什么是可以述说,众人可以听懂的"道"呢?平日里习以为常的"道理"叙述,多是主观性的评价,话中有话的表达,重复性的文字排列。

能够替"道理"代言的,大部分来自诸多先辈,和历代圣贤们说过的话语。包括各类语录和教诲,多是他们自身的经验总结,具体的感触。由于出发点不同,有的针对局部情况有效,或放在某些时期有用,以求得眼下实效。

作为前辈留下来的有感而发,许多的道理约定俗成,无需准确定义,讲究的是有阴有阳,相反相成。一句成语,生活感叹,几个典故,朗朗上口,表达情绪,自圆其说,似乎一切都是已知的,无需多言。其间,不乏闪光的语句,听者各有偏好,活学活用,灵机一动,浮想翩翩,仿佛尽在不言中。

这样,就形成了参差不齐的各类表述,往往是跳跃的、含糊的、不连贯的。有具体形象的随意表达,充满道听途说,类比举例,见微知著,"小故事大道理",奇闻异事,夸夸其谈,见仁见义,即兴发挥,就是要由掌权者来一锤定音。

那可以述说的道统,发源自对天与地,阳与阴,各类形象之间的朦胧感悟,从哪儿开始,都可以接着往下讲。那些不偏不倚,相辅相成的中庸经验,"千秋功罪,谁人评说",头绪繁多,借助那圣贤之口,似乎找到了某些根据。皇上之言,成了金口玉言的圣旨,通过各学派的祖师爷,立下了教条,流传开来,或依据权威人士来发话,就成为了重要指示。

为了叙述方便，会旁敲侧击，有各种形式的譬如和例证。在五花八门的叙述里，说到哪里都行。诸多的道理，总能够找到某些旁征博引，只言片语，先定基调，修饰言辞，模糊概念，变更论据，察言观色，信口开河，越说会越起劲，围绕着各种话题来展开。

　　经常听到的多少宣讲，往往由上级根据其实际需要来调整，每一任官员，每一场合都会有所变化。平常说话办事，依据的往往是"批示"，也就是经上级加工组合过的，局部的，具有短期时效的道理。

　　那些叙述，着眼于说话者相互间的关系，评说着某些感想或情绪，并不需要去准确定义，不会依据普遍规律，去论证事物本身。对遇到的问题，不在乎事情原本的是非曲直，有发言权者，发表那具有倾向性的话说，似乎怎样讲都对，"开口千言，离题万里"。以至于习惯了领导批示的群众，即使感到莫名其妙，也只能反复琢磨指示的要点，会意弦外之音。把握住现任领导的某些喜好，对其所作的指示，理解的要执行，不理解的也要执行。

　　发表高见者，经常随意摆弄噱头，修改事实，完全不在乎是否符合真实情况。人多地广，事务繁杂，无论讲什么，把现成的说道，与各种切身利益巧妙地联系起来，反复宣讲，有板有眼，成为了主导的舆论倾向。

　　道理在乎眼下实用有效，关心那已成格局的稳定，就为了得到立竿见影的效果。

　　在引进"法治"，这一外来概念时，以道理来给予解释，就会任意地等同于某些实用的法令，或红头文件。公民本应具有的合法权益，变成人为地分出等级。掌权者至高无上，一切由其说了算，随意使用暴力，无底线的为所欲为，非理性亢奋，什么匪夷所思的事情，都会加上某些解释，讲的头头是道。

　　由于道理可以任意排列，并不需要依据客观过程来展开，进行条理分明的论证。这就极大地方便了空口讲大话者，如何按照眼下的自身需求，把各式各样的宣传，重新组装起来，加上乔装打扮，编织成有头有尾的情节，只要还能凑合着说得过去，不会有多少人，再去做些认真的研究。

这样一来，以逻辑思维进行论证的真理，传到我国，其求真和严谨的理性方法，就从根本上，被阉割了。在一片喧哗声里，断章取义，随便地扭曲，断章取义，有意地滥用，轻松地拼接，成了为人处世的种种说法。

本来意义上的"哲学"，被冠之以"特色"，变为人际关系学，或者干脆混同于权力社会学。那些貌似分门别类的"处世哲学"，"权力哲学"，"厚黑哲学"……多少带一些感官经验总结的话语，都摇身一变，用引进的词汇来包装，自封为时尚的"哲学"。用那与哲学思维完全背离的方式，借题发挥，便于宣扬古已有之的说道。

在捉摸不定，好走极端的情绪宣泄里，或盲目的崇拜权势，使之神秘化，或极力贬低持不同见解者，将其妖魔化。为了能说起来痛快，经常会前言不搭后语，患上了健忘症，脸谱化的诋毁他人，骂来骂去，时不时诅咒发誓，任意切换言辞，却不知认真反省，成了一场闹剧，一再翻烧饼似的重新来过。

经简单类比，引用典故，"某某先人怎么叙述，某某领导如何说……"，许多的"道理"似乎在自证有效，都有抱着跟随心理，维护既定传统存在的大前提。

满口大道理的着眼点，在于维持已有群体的内外关系，维护那些具体得失。为了这些关联，有着非常实际的利益诉求。现存的就是合理的，由此看待那些人物和事务，做的对与错，能否做得更合乎上级的批示，符合的才算对头。

如何讲述那眼花缭乱的道理，常常因人而异，见机行事，其中有虚有实，有许多想当然的成分。根据某些人的直觉，或者某位领导一时的情绪发作，把事实与愿望混为一谈，难以进行客观分析。省略了必需的论证检验过程，肤浅地举出些例子，以偏概全，以个别事务，以某些表面上的类似，来代替普遍存在，进而有选择地使用某些例子，让大家都跟从流行的说法。

认定上级说的，就合了道理，便捷浅显，张口就来，毫无底线，由近及远，滞留于各种类推，形象比喻之中。置身那刻意摆布出来的"宏大"场景里，添油加醋，复述某些前人的语录，还要求众多私民，照样画葫芦。

3. 正统说道

官府不管遇到什么情况，一直继续把持不受制约的权力，本着既得利益群体的立场，区分敌友，以此来划线，强迫他人照办。

跟随那些假话套话，多少私民，思绪混乱，感慨于活着就好，鹦鹉学舌式地拨一拨，动一动，自欺欺人，有如那随风荡漾的无根浮萍。

经常可以看到的是，那些发话的人，凭借的多是圣贤的语录，有表述正统的"说道"，有立场无是非。会强调自身得失，既不关心论证是否准确，也不在乎相关述说的牵强附会。其潜台词就是，发话者已经站在了道德的制高点上，你尽管跟着就行了。由此故弄玄虚，话里有话，把确切的事情，讲的糊里糊涂，使他人不再敢于提出问题，害怕置身于不够正统的处境。

有权发话者，对待事情，常常会以自身习惯了的说法，从阴阳两个方面去加以发挥。那可以随意表述的假话套话，含义十分宽泛、多变，东扯葫芦西扯瓢，字面上相仿的某个词、一句话、一个标点，却可以做出千差万别的解释。

指桑骂槐，声东击西，发话者不乏艺术家式的潇洒随意，方便行事，缺乏的是工程师般的精益求精，认真负责，前后一致。结果还得照发话者的说道去办，你只管跟随着就行了。说的人卖个关子，含糊其辞，似乎另有深意，听的人则应该表示赞同，糊里糊涂，逢场作戏，装作理解了，或者故意添油加醋，误人子弟。

有权发话者，过分渲染着不容质疑的"道理"，来规定某种口号式的"天下大同",遇事强行保持完全一致。从无法准确定义的正统道理出发,从整体到个别,从繁杂到简捷,从头到尾,都是冠冕堂皇,自诩为道德的化身,能够代表所有的人,也打算由此去同化其他民族。大力开动宣传机器,灌输于主导群体,再普及到全国,又能波及其他国家,直至在幻想里,环球同此凉热。

强势者抬高"权威古人",还崇尚"偶像洋人",尽力为己所用,组合变幻出了现代迷信。

近代西方有着各式各样的思潮、学派、"主义",在阶段性、竞争性地得以传播。那原本是诸多学者的不同见解,是那里言论自由的体现,有助于从多方面认知客观,辨明是非,也可以逐步加以实践,促进变革。却不太可能被顶礼膜拜,绝不会由哪一个"主义",来独步天下,被强制推行。

其中有论述过"每个人的自由发展,是一切人自由发展的条件",倡导建设"自由人联合体"的学说。却同时用臆想冒充事实,片面地把激进者的主观猜测,等同普遍现象,把阶段性存在的现象,推广到整个人类史。从而,自相矛盾地,大力宣传阶级斗争,号召武装夺取政权,进而成王败寇,由胜利者,实施对其他人群的专政。无视科技与市场化发展进程,简单地去演绎激化社会矛盾,轻率地鼓吹不断革命,任意使用暴力。

为何在原产地已经被抛弃,无法成气候的某些"乌托邦"假想,已经被无数事实证明是错误的那些设想,却会墙内开花墙外香?传到了前市场经济国家,完全不问青红皂白,断章取义地鼓吹"造反有理",公然实施"极权专政",引申为某种特定型号的"天下大同"。尤其在我国,被组合成正统说道,牵强地生搬硬套,邯郸学步,使几代人,付出了万分沉重的代价。

对那些洋为中用,厚古薄今的操作,驾轻就熟,自以为代表着正统。讲起大道理,玄而又玄,计较德性,又讲理学,明心见性。那些字面含义,随着说话者的眼下需要,使用于具体场合,在经常变化着。接着,把其作为不言而喻的事情,作为基本前提,完全无视其他个人,其他民族的需求,强求一致。

凡事都参照某种给定了的"德行"标准,笼统而空泛,怎么说都可以。如果给某人戴上一顶"不够道德"的帽子,经"莫须有"之后,就可以轻易地加以否定。即使某人有种种长处,客观上贡献很大,却因为有不够一致的见解,与当权者直接关系,没有处理好,就会被冷落,靠一边待着去,还不用正式宣布,就让他有口难辩,打落牙齿往肚里咽。

"人心隔肚皮",要区分好人坏人,由谁来确定标准?完全是官员一句话。一会这样说,过一阵子又那样讲,就是要让众人丈二和尚摸不着头脑,也压根没兴趣深入探讨事情的原委,懒得再去做客观分析。只能再一次跟随,似乎紧跟着就一切都好,其他见解则未必带来好结果,也不会有太好的报应。

对同样一件事,可以有完全不同的解释,下级照搬照套就对了。代表正统的说道者,用揣测替代事实,空话连篇,往往以偏概全,云里雾里。那些听上级盼咐的私民,办事唯命是从。出了一些问题,大可美名其曰,好心办砸了事,下不为例吧。反之,若没有完全照指示里的特定要求去做,虽然很努力,却有可能被认定为是别有用心,先靠一边待着吧,还要考虑是否居心叵测,欲加之罪,何患无辞。

4. 迷茫的思绪

历代掌权者,一味沉溺于打天下坐天下,抒发那"一览众山小"情怀。那些一再重复的说教,多借用古已有之的高谈阔论,字斟句酌,借题发挥,道德捆绑。在某种说道的旗号下面,完全不在乎言辞需要准确的定义,而是去随意发挥,致使那多少私民,糊里糊涂,遇事只会跟随。

讲话和写文章,作为思维内容的确切表达,本来应该从基本事实出发，经由严谨的逻辑分析，去认识具体事物。反之，为了符合某种说教式的德行，就有可能会故意表述得云雾笼罩，鱼目混珠，强词夺理。如何诠释"道理"？得由领导来定，遇到不同的场合，对同一个语句，可以有天差地别的解释，捉摸不定，此一时彼一时，任意发表指示。

与抽象的字母组合不同，象形文字讲究的是咬文嚼字，词组搭配。具体的之、乎、者、也，并非可有可无的语气助词。那里面有着既定的伦理取向，稍作前后调整，表达的意义，就会完全不同。

文言文原本没有标点符号，一音多字，一字多意，一意多解，任由听与说的双方，自行点断和解说。言为心声，讲究韵律，经由内读，注释发挥，声东击西，虚实不定。强势者就会旁敲侧击，根据某种直觉，去解释各类话语，见仁见智，只取所需。

对常用的汉字蕴涵的典故，有些人在刻意为之的曲解，故意在混淆是非，容纳歧义。象形文字外形拟人、喻事、似物，书面表达复杂、深沉，时有跳跃，有时在死记硬背中，偏执于表面形象，很难加以确切定义。现在任意借用同音、谐音、相仿字型，去"臆造"的词组，多了去了。同一个发音和字型，本来同义词，或近义词就很多，如果随便引申，放任的妄加歧义，就形成了思维的混乱。

传承下来一大堆的僵化观念，加上无穷无尽，明暗交织的权势利害，包装着似乎流光溢彩的套话，或者偏见，话中有话，影响着众多私民。

从通行文言文，转到使用白话文之后，国人开始讲究语法，添加标点符号，理解主谓语结构，字和词应有的确切定义……其实质，在逐步消除模糊性，通过明白的表达，做到语义准确无误。许多事情，通过认真思考与公开争论，应该能够较为清晰地加以把握，如果论证和叙述得当，某些道理，亦可以表达部分事实。

可是为了自身的需要，有发言权者，仍旧站在权力社会学的立场上，文过饰非，经过词句修辞，把许多偏执，一孔之见，讲的真假莫辨，非此即彼，仿佛荡气回肠。在那些带有偏见的述说里面，继续延续混乱，有时会使情绪，停留在种种假象，过分渲染各类奇闻异事。看似不经意的一句话，内容却会被任意放大或缩小，不知不觉就拐个弯，有了某种间隔或曲解，似乎怎么说都有道理。

当标点断句有了差别，语气、意境、侧重点全然不同了，使得有权发话者，能够自证其说，去任意注释。"骑驴看唱本，各弹各的调"，根本不在乎真正能够沟通，甚至领会的"涵义"全然走样。

在现实的中外文化交流里面，由于思维方法的不同，表面上讲着"同样"一个词句，中文字面的理解往往基于象形的释义。有时被偷换概念，或先入为主地去理解，完全无法确切表达其定义，基本内涵完全变了。字面上似乎相同的词语，表达的意思，却相当不同。许多具体解释，的确是各说各的，加上习惯性的自以为是，浮躁的望文生义，以偏概全，更增加着进行准确定义的难度。

综上所述，长期弥漫着的大道理满天飞。掩盖或歪曲最基本的事实，不允许各方面发表公开、充分、完整的论证，众人难以表达见解，以至于真相真知，完全被各类指示替代了。

众多私民，迷失于通行的说法，全然没有了独立思考的可能，认知能力就老是在退化，徘徊在低层次的含糊其辞里面。

5. 话语权

如何去认识真理，是一个需要反复探索的过程。而选择性地宣传道理，却是已经掌握了话语权的标志。

经过充分的内部运作，树立起一代又一代的领袖，那些人物的言论，就成为了道理的化身，成了上行下效的标准答案。

多少年以来，一朝权在手，便把令来行。实际政策的宣传调门经常变更，道理的侧重点，也时常在翻新。新官上任三把火，一定会提出些新套路。多少私民，老是觉得要赶紧跟上，不然的话，就会感觉哪里对不上号，又有失落感了。

想一想各级官员的口头禅：一定要努力把握直接领导指示的"精神"。分明是话中有话，那就再三揣摩其中的玄机吧。多少含混僵化，敷衍笼统的言辞，被用来做了取舍的标尺，那代表权威的讲话，被认作"动机"正确，"意向"伟大。如果不去照搬照套，各位私民，就会处处碰壁。

用眼面前的实惠与功效，来区分什么是道理，是大道理还是小道理，是硬道理还是软道理，是大领导的指示，还是小领导的话说，并用以确定站在哪一边。走一步看一步，总想着如何能把当下的事情，都能说圆了，有同时提出左右的两套政策。实际上呢，都只是酌情变通了一下，仍然在文过饰非。

强势者力图彻底消除不同见解，完全排斥了平等的对话。对于那些本来有确定内涵的概念，一些人也会着意曲解一番，使其变得没那么重要，变得可有可无了，还是维护既定的权威，得到眼面前的实惠，更为重要。话语权都被上级掌握着，什么片面的解释，都会冒出来，甚至振振有词地无限上纲，牵强附会。

一股脑儿贯彻下来的道理，实在是太多了，相当多的人无动于衷，已经无所谓，早就听的耳朵都起茧了。关键在于区别是谁在发话，哪一级领导在作指示？每次都要表示忠心，从小学会了跟从强势者。用某些断章取义的口号和言辞，表现得比他人高明，实际上就是在表演，与真实情况并不相干。

当人们看起来欢天喜地，任意拔高，莺歌燕舞的时候，添加许多空泛的溢美之词。那些模棱两可的诸多说法，多以满足于低层次生存的需要，能带来立竿见影的好处，获得占有性的成功为标准。

为什么众目睽睽之下，许多人都睁着眼睛，却会一而再，再而三的答非所问，口是心非，指桑骂槐？面对漫无边际，大而化之的道理，众人唯唯诺诺，拿不准该怎么看，只能按照上级当前指示的"精神"，来重复"话说"。对许多事情，会违心地讲"妥当"或"中听"的话，附和那传达下来的标准口径。

借题发挥，当下的权威者，号称一贯正统，以某个大道理，衍生出其余的中道理，小道理……变来变去，看起来聪明无比，左右统吃，怎么说都有理。其结果，往往短期见效，甚至盛极一时，赞誉有加，后来一定时过境迁，偃旗息鼓，销声匿迹。

相较于无知，偏见可怕的多。在某些单位或地方，垄断性的权力会制造假象，口称各式各样的德行，梳妆打扮后，成了通行的做法。

一旦到了对基本事实，都置若罔闻，随意编造的时候，也就在瞒天过海，蒙骗众多私民，全盘接受，惟命是从，跟风造势，习以为常。如此一来，作为私民，思维的水准，一再降低，似乎都已经集体失语，失去了基本的判断能力。

一切为了维持既定的局面，其余的事，就是如何转移众人的目光，演变成了片面地描述某些状态，提倡浮光掠影的目标。

某些人经常感叹国力不够，似乎国力够了，就能够到处去建造摩天大楼，奢侈品琳琅满目，有了世界第一的钢产量，全球第二的经济总量之后……那传统的道理，就能通行于天下了。总想去比谁强谁弱，追赶着哪些目标，一下子就能超过发达国家，却忽视了那些国家，普及现代思想文化，按照宪政法制，有公民的自主自立，保障个人权益，发挥主动性，社会呈现多元化，多样化的状态。

某些大人物老惦记着，把外来文化的"好处、长处"都拿过来。似乎不合自己口味的，就可以归结为"坏处、短处"，统统回避掉，来一个随心所欲的重新组合。

历史再三证明，为了树立偶像，某些按照迷信权威，拼接组装起来的说道，往往以偏概全。那会偏爱其他文化里的强制部分，或劣质成分，舍本逐末，买椟还珠，抓住芝麻，丢了西瓜，走不了太远，会不明不白地，又在哪里掉头拐弯了。

在那些令人眼花缭乱的操控里面，或急或缓的政策变化，五花八门的"道理"解释，经常处于走马灯式的调整之中。今天可能跟对了，明天也许又变了，都会见异思迁。什么口号都可以用过之后，推倒重来，以跟随朝令夕改的节拍。

那些短期有效有用的道理，讲的越繁琐，使人越糊涂。

今天，为建设现代公民社会，必需明辨是非，推动思想启蒙，培育科学素养，发展每位公民正常的思考能力。认真的研究讨论问题，朴实无华，用不着大吹大擂，既不能作假，也无需过分的装扮。

如果沿袭一切由官员说了算，众多私民，只知跟随，就会蒙人又害己。在盲目从众、表面类比、懵懵懂懂、雾里看花的胡思乱想里，陷入那高调响彻耳际，口号时常翻新的怪圈。道理百出，高深莫测，寻觅说道，戏法连连，多变之后，还是迷茫。

空谈道理，越来越漏洞百出，难以自圆其说，就像那多米诺骨牌，明知迟早会倒，还在能排多长尽量排。

路漫漫，石头多，有路吗，真累啊！

第十四章　太极图与十字形

太极图像，作为华夏传统文化的符号，时常呈现在人们眼前。与此相映成趣的是，十字形，则作为西方文明的显著标识。

通过细心观察，进行一些比较，人们可以看到，两种象征，历经千年，默默无语，生动简洁，却表达了不同的思维模式。其包含的遗传密码，象征着各自的社会活动。

1. 两种图形

传说中的远古太极图，是在一个大的圆环里面，有着相互交织的黑白空间，不断的向内里旋转而组成。

今天所看到的黑白阴阳鱼形图像，被称之为"先天太极图"，象征那混屯之中的运作，原属道家不传之密。其充满玄机，虚虚实实，妙不可言，师徒之间，口耳相传，在一对一的单向授受里，书不尽言，言不尽意。到了北宋初年，由浦上人陈抟道长公诸于世，并逐渐传播开来，以至于家喻户晓，成为流传千年的基本符号。

按照《易传》提示，太极为天地初始，混沌未分，万物化生时的状态，图像就表现了其逐步衍生，一分为二，又一分为二，继续二分下去："易有太极，是生两仪。两仪生四像，四像生八卦。八卦定吉凶，吉凶生大业"。用阴阳两极，来观察周边的一切，来诠释所见到的事情。寥寥两字，可实可虚，区分大小，无中生有，解释宽泛，一再延伸，灵活运用，见微知著。阴与阳，对应着人世间的吉祥或凶祸，或其他各类奇闻异事，非黑即白，归结于事物两个方面来反复运作。

到了宋代，周敦颐作《太极图说》，进一步解释这无中生有的过程："无极而太极。太极动而生阳，动极而静，静而生阴，静极复动。一动一静，互为其根。分阴分阳，两仪立焉。阳变阴合，而生水火木金土。"动静之间，太极显现，或阴或阳，必居其一，连环类比，成双成对，五行并立，由此衍生，盛衰转换，物极必反。

进一步的推论下去，就是："立天之道，曰阴与阳。立地之道，曰柔与刚。立人之道，曰仁与义。"这样隐隐约约，阴阳鱼图形不断交替，直接归结为"原始反终，故知生死之说"。天、地、人之间的众多变数，尽被囊括在这一图形里面，任由看图者领会多少，尽情发挥，玄而又玄，妙在其中，自圆其说，不言而喻。

与阴阳鱼太极图形有所不同，十字图形，曾经广泛分布，出现在各大洲史前文明的岩画中，后来又发生诸多变形。其直观的呈现，多见于各地古代的酷刑用具，在罗马时期的十字绞刑架，表现着受苦受难。在公元纪年之后，耶稣被钉上十字架，之后又复活了，从而具有了新的意义。象征着人生而有原罪，通过基督的大爱与救赎，信徒们来认知世界，反省自己，通向光明，充分体现了虔诚之心，成为了西方文明的具象标志。

华夏先民们，也曾经使用过十字图形，有象形文字记载以来，却很少再用了。在乌克兰的皮耶里地区，在对7000年前人类遗址考古发掘里，出土了相当数量的陶罐器皿。一些器皿上那些生动的太极图形，以黄红相间等色彩绘制而成。当然，这也就局限于史前文物，呈现过了，再就很难见到了。

通过认真作些比较，就可以见到两种标识的含义。有些可以相通，都象征性地表达了事物的变化，如天与地、上与下、过去与未来等过程。进一步观察，两种标识的寓意与象征，确实相当不同。分别呈现的图像，并非一朝一夕所形成，也并不在于有没有想到，这样的差别，而是充分表达了基本的思维模式，展示各自文化的基本取向。

2. 一些比较

对于两者的不同，可以更详细些来进行观察。

1.太极图自成一体，封闭，对称，在内部运作，向圆心转动，仿佛浑然天成。它无需追根溯源，已经画出整个圆圈，作为某种界限，显示出内外有别，自我完满，有了既定的运作范围。无论叙述什么事情，由此简洁的图案，可以做出无穷无尽的诠释。借由具体形象的表达，来对圆圈里面，划分出黑白。有大有小，分出头尾；黑多白少，阴盛阳衰；白多黑少，阳盛阴衰；黑白均分，阴阳平衡。白中有黑，阳里带阴；黑中有白，阴里带阳；动静相接，有阴有阳；弧线运行，有起有落。都在朝着对应的那个方面旋转，相反又能相成，回归本体。显示各类运动的节奏，周期性反复，万变不离其宗，遵循着那固有的轨迹。

十字图形以交叉点为中心，上下左右，无限延伸，是开始，是结束，亦是运作，具有内外扩张能力。那象征着光明，有起点，有选择，有机会，一个独立的，能够在背景里显现出来的原点，具有自行生长的力量，在不断展开。

2.比较而言，太极图有混沌的神秘感。对圆形图像外部，存而不论，关注着自成一体的圈内图像，强调阴阳区分，内部运行。那黑白之间，眼见为实，画面感强烈。相互渗透，无缝衔接，黑方运作过程到头了，就转为对立的白方，首尾相连，昼夜交替，黑渐变多，白渐变少，相辅相成，反之亦然。其画龙点睛之处，体现了任何一方，必须紧密地依靠另一方。各类人群，依赖着相关者，依赖关系密切的家族亲朋，都在此起彼伏的态势里。所处运势，不时可以转换，一念之间，立场随之变动，把握轮换节奏，融入当前的处境。由此能举出各式各样的例子，引导出五花八门的结论，笼统地称为大势向上，还是向下，向左还是向右。注重的是具体事情，具体人物，具体状况。通过举例和比喻，用于感觉可以琢磨的范围以内，可遇而不可求，每一群人、每一件事都在对号入座，处于已被圈定的状态。

对比而言，十字图形具有充足的张力。它有上百种变形，选择方向，分别上下，认可并且推动事物的演进，竞争或者胜利，有不可限量的延续。信仰唯一真神，以那有限的几十年身躯自我，与永恒的内在自我，相互结合，催生不断向上向前的力量，追寻着无限扩展，成为那超越感官局限的终极信仰，充盈于整个世界。

3. 太极图是基于圆形的组合，大圆与小圆并存，向内收缩。人们具有的一般共识是：作为基本的几何图形，圆形侧重于表现恒定的时间，方形意味着运动的空间，三角象征着无数可能性涌现的存在，点状作为单独的瞬间，将事件整合在一起，螺旋状描述了运行的过程。我们的先人，全心全意地关注螺旋状圆形，并非偶然。自以为"天朝上国"，就是在反复的循环里面，不管圆圈放大或缩小，就是得管住已经圈进来的人物和事物，管住划定了的普天之下，黑白分明，唯我独尊，说话算数，一切守牢。如果遇到强大外力，那就会一退再退，割地赔款，圆圈缩小，内部仍旧一统，关起门来，继续做大王，力图保持既往的权势。太极图，象征那圆圈里面，休戚与共，囫囵吞枣，妙在其中，注重那种朦胧感受，就可以尽情地去比喻，去套用，去茅塞顿开。

与此相比较，十字形则同时具有方形、三角形、螺旋状圆点。面向世间万物，每个人从真实的情况出发，对提出的假设和命题，做出反复检验。经由充分的辩论批判，认识那具有普遍性的真理，突破原有状态。由此，涌现出无数的创造发明，新的理论，新的学说，新的工具，新的用品，在无休无止，不断取得进展。

4. 观察太极图，象征着天人合一，以为那描绘了曲径通幽，柳暗花明，微言大义，从某件小事情里，可以发见出几多的大道理。推崇当下即是的醍醐灌顶，恍然大悟，感同身受，品味那种直接类比，只可意会不可言传。在其间，无需建立定义清晰的概念，省略了定量的分析，不必层次递进的推理过程，也不在乎进行客观的考察。由此，在群体里存活，完全淹没了个人。那芸芸众生，只是从官位大小，钱财多少，关系远近，来做外在的比较。看待什么事情，都围绕着"跟谁走"这个主线，眉毛胡子一把抓。每遇事情，大而化之的归结为"好人还是坏人"？"敌人还是自家人"？遇事就套用"三十六计"来对付，想的是"为什么会阴谋又连着阴谋"？掌权者的话，成了唯一通行的标准答案。如果你不去说着与之一致的话，而有了别的想法，稍微有些不同的做法，就可能被抓住把柄，上纲上线。如此一来，你只得随波逐流，讲那些言不由衷的假话，凡事以"表忠心"搪塞应对。

十字形，本身就是一张多维象限图。每一个人，生来具有自己的大脑，需要知晓真实的信息，侧重定量定性的分析，概念明晰，客观理性，独立思考，充分表达。一切事物，都建立在相关数据和比例的基础之上，需要明确的定义，如实量化的表述。

5. 观看太极图，会直接感悟到平面循环，绵延不绝，间歇运作，有头有尾。传统以为，天意或者说"道"，原本无声无形，由天子来代表，奉天承运，号令各方。每一个活着的人，都隶属于，附和于既定的整体，从属于各级官吏。由此，朝代兴衰，历经起落，展开着混沌茫然，黑白同体，排列大小，一呼百应。任何个人，在那阴阳互补的平面里，由幼小到暮年，消磨着岁月，以当权者的喜恶为准绳，高的被削平，矮的来垫底。各家族，各群体，形成特定的圈子，谋求统统管住。不再允许有别的需求，必须填充进来，有看似齐唰唰的圆融，谁都不可能真的走出去，走多远。当朝大人物以为，必须有落到实处的万人一面，众口一词，所有的人，所有的事，只能由其随心所欲地发号施令。结果是你方唱罢我登场，好端端与乱糟糟不期而至，交替轮回。

与之不同，立体的十字形，则形象地揭示了天赋人权，尊重那每一个张开双臂站立着的人生。生而为人，平等地具有生命权，拥有财产权。每位公民自由生活，经历变化，精神独立，相互影响，追求光明，产生飞跃，开拓发展空间，进入崭新的境界。

3. 德行与信仰

太极作为图腾，象征那笼而统之的德行和道统，一切皆包容其中。仿佛不必详细言说，无需经过认真的分门别类，就把许多事情聚拢到了一块。落实于每个人身上，作为某群体的成员，只能在此划定的圈子里面，召之即来，挥之即去，起落不定，有好有差，是祸是福，反正哪一位，都跑不出划定的圈子。

如何达到天人合一的境界？这提法本来就在误导众生，用人伦道德关系去囊括天地，是闭门造车的思绪歧途，在意念里面"捣糨糊"。

停滞在那笼统含糊，无法明说的某种感受里，在幻觉之中，把人们的脑子弄混了。祖祖辈辈都被灌输了"迷魂药"，子子孙孙还绕不出来。如此浮想翩翩，随意地消除了天、地、人之间的区别，漠视客观规律，不会进行条理分明的推论，要么不思不想，要么胡思乱想。如同那熬透的一锅八宝粥，很难分清楚原先是什么材质了。

芸芸众生，都深陷在杂乱无序的"感受"里面，那就遵照当朝大人物颁布的指令，去忙忙碌碌吧。从当下的切身利害出发，膜拜权势，亦步亦趋，迷迷糊糊，融入那似乎是不言而喻的"钦定"之中，扭曲心态，抚慰情绪。

以居于高位者的喜好，作衡量其他人和事的标准。有肉身就有各类的欲望，人们按既定的辈分，按级别办事，才有可能勉强过得下去。温习先人传下来的诸多经典，有非常发达的算计窍门，有历来如此的种种伦理说教，重复着古已有之的陈旧套路。

从大圆圈看，由秦皇汉武，弹指一挥间，朝代更迭，黄龙现身。多少私民，一经投胎，出生在九州大地，只得听天由命，为他膜拜的皇上，为他遇到的父母官，效忠尽力。

待在既定的小圆圈里，有着厚重的家族血缘关联，听父母大人，兄长的话，肯定符合了道理。能恭逢盛世，国泰民安，是你哪一世修来的福份。尚若降生在民不聊生，暗无天日的岁月里，那就麻木不仁地服从吧，跟随着，从来没有想真去改变什么。众多私民，不可能有更多企求，超出日常生存需要，仿佛生来就命该如此，只能够这么活着。

对那似有似无的鬼怪仙狐，则尽心尽意地去膜拜。地下会有鬼怪，天上更有数不尽的各路神仙，被拿来摆摆"龙门阵"。活的滋润时，狐假虎威，为所欲为，有些担忧时，则心怀恐惧，种种迷信。似乎鬼怪时时处处都有，忌讳颇多，城有城隍，山有山神，灶头有王爷，做生意时有讲义气的关公，到处都有用泥巴、稻草、木头或金属材料做成的图腾。情绪需要某种安慰时，都会两腿发软，双膝跪地，拜上几拜，以求多福，也什么都是将信将疑，不求甚解。

注重肉身，自古民间有吃什么，补什么的说法，面对缺衣少食，天灾人祸，千方百计求得温饱。爱惜父精母血造就的身体，尽可能安顿下来，正是肉身需求的极致啦！把需求定格在能够存活下去，并不在乎生活的品质与高度，最为要紧的，就是维系住家族，繁衍直接的下一代，尤其是儿子孙子，那可说是全部生活的寄托所在。

百姓在一家一群的圆圈里面，能对自家亲朋好友关怀备至，情意绵绵，悉心照料，就会被认为，具有了模范的道德水准。离开了熟悉的生活圈子以外，出了自家本群小圈子，往往漠视公共道德，事不关己高高挂起。

认定"天下大同"就是好，多少私民，会把国家规模大，历史延续久，长期严加管束，当作了理所当然。以为但凡活着，都应当照样画葫芦，大伙儿就哪么念念有词，自生自灭，一再重复着。

与注重循环的图形相比，那十字图形，是典型的宗教信仰标志，超出感性经验，以上帝的光辉，照耀着每个人的灵魂。向往的极致是信仰，人生具有精神与灵性的追求。清教徒反对膜拜偶像，满怀牺牲精神，认定自己将因为崇高的信仰而得救，升华了人生的意义，形成着健全的人格。

在这个过程中，在人生的每一个十字路口，其他人能够帮助你，却不能够替代你。天助自助者,个人作为主体,需要以独立的思想,自由的精神,不再局限于讲求吃穿,努力听从心灵的召唤,有向前向上的行动,追寻无限可能。

4. 感性与理性

比较直观的来看太极图形,就是先画出了一个较大的圆圈,笼统地对应当下感受到的事情。描绘那一分为二,此消彼长,有黑有白,一方面在慢慢长大,另一方面却在变得小下去,如此来比较大小,区别先后,有得有失,零和游戏,回复既往,环环相扣。

为什么我们往往停留于直觉?在此识时务者为俊杰的当下,我们面对各项变动,看看自身处在那个位置,悉心应付。无论哪一件事,都会落实于点点滴滴,十分留意各自的情绪变化。正因为我们全神贯注,在具体的领导、同事、亲戚、朋友关系里,其间无比复杂,又在时常变动着,调整着,倾注了全部的心血。一日三餐,今天你吃了什么,穿了什么,佩戴什么装饰品,开什么牌子的车,住什么地段的房子,是否喜欢说话,脸色好不好,又和谁打过招呼,可能有哪些具体想法?都是相关者时时费心琢磨的事宜。

现实生活里,津津乐道的是,期盼"洞房花烛夜,金榜题名时",把眼下得到的,或者失去的,当作是全部的需求所在。除了目光所见,手足能够得着之处,很难有其他的需求。

如果还有什么更多的寄托,就如同金庸武侠系列故事,"打造"、"戏说"了那个使人感觉透爽,快意恩仇,情节跌宕,精彩纷呈,来无踪去无影,遐想于江湖上的梦幻境界。识时务者为俊杰,每个派别的掌门人,都要抓住机会,排斥异己,防范内部出现的竞争者,皮要厚,心要黑,来称霸某一块江湖。如同那栩栩如生的人物令狐冲,风清扬,张无忌,众大侠你来我往,生机盎然。举手投足,眉目传情,没了制约，也无惧怕，游走四方，收放自如，有仇报仇，有恩报恩，径情直遂，直奔主题，扣人心弦，光彩照人。

　　在悠久的经验传承里，讲起来都有着开山门的祖师爷，却没有使后人能继续拓展的学派理论。每个门派里面，鱼龙混杂，祖师爷那只言片语，欲说还休，一技特长，有的保存下来了，或被断章取义，有的消失了，又被重新发现，却再一次失传了。

　　那些手工技术，一来仅仅是手艺，有术无学，有技巧，无学理。二来先人的经验的确了得，可那些师傅，却大多是身无官职的劳动者，是工匠，单凭言传身教，大多数技艺失传了，不太可能普及。三来师傅也要吃饭，把绝活和技巧传下去时，多少要留下一手，防止出现教会了徒弟，饿死了师傅的结局。那细腻无比的言传身教，具有相当大的任意性，随着师徒之间理解差异，悟性高低，良莠不齐，滥竽充数，走着走着，就变了模样。

　　众人可以欣赏古道西风瘦马，赞叹小桥流水人家，留意于各种植物、动物，或者把日月星辰的变化，种种天文现象，归咎于当朝大人物的运数。用眼、耳、鼻、舌、身、意的亲密感触，忙碌于各式各样的实际收益。眼前的事务应接不暇，照搬摹仿，操作经验，并不在乎传承和提高。谋得了一些东西，就会用来炫耀，恨不得立马取得升官发财的敲门砖，千方百计走捷径。

　　正是因为一心关注于相互关系，直接联系着的亲朋好友，都是抬头不见低头见的熟人，必须全副精力，应用在处理与他人的具体联系。在上下左右之间，发展着实用的人际关系学，在那一言一行，无比细致的照料之中，斤斤计较当下的人事纠葛。

　　这样一来，从小到大，终日混在熟悉的圈子里，生活经历一再复制，朝代在无休止地轮回。重复祖祖辈辈的做法，考虑眼前会得到什么？这几年又能够怎么样？能够立马挣到手里的，如何能升个官，发些财，当一回人上人，急功近利，不亦乐乎。

　　民为官所用，商也为官用，士亦不如官，学而优则仕。那辛勤地生产劳作，远不如掌握控制权力，操作分配财物，来的爽快，上下有别，风水轮转，你拉我推几时休。

众多私民，都陷于日常情绪里面。话说历史悠久漫长，某朝某代，奇人逸事，如数家珍，娓娓道来，都是些陈芝麻烂谷子的掌故。孙悟空一个跟头，能翻出十万八千里之遥，还是没能离开如来佛的手掌心，向着先辈穿越，回味无穷，酣梦不醒。

满足于一再重复的繁杂事务，不少私民，对各种细微之处，再三唠叨，不厌其烦，显示熟练的操控技巧，耍耍套路，把"吃得开"当作立身之本。继续玄而又玄，接着戏说，他们刻意的"执两用中"，中庸之道，左右逢源，修修补补，层层叠叠，任何有条理的思考，都会消逝的无影无踪。

对比一下，十字图形，本身相当于有四个象限的坐标系，有着抽象的空间延伸。认真探讨事物的变化，会超越眼前的范围，必须求真求实，经由判断推理，上升为知识体系。

在千姿百态的客观世界里，穿透事物繁杂的现象，用坐标轴来进行分析，有了互相关联的不同象限，二维图像转变成了三维图形，进一步模拟那诸多事物的状态，作定量的分析，定性的把握。必须遵守规则，由各方清楚表达自己的意见，进而形成为制度性的安排。

那些科学研究者，发现了事物的内在运行规则，展开奇思妙想，在抽象层面，来去自由，揭示了大自然各个层次的真实情景。从欧几里德《几何原本》，到牛顿微积分方程式，万有引力定律，到爱因斯坦相对论，在批判和证伪中，不断提出新问题、新课题，各种见解，层出不穷。

初看起来，那似乎只是一念之对，得来全不费工夫，是某个天才人物的灵感一现，记录下来。其实，那中间的由浅入深，从低到高，严密论证，反复检验，运用自如，变化有了方向，量变跃向质变，存在有了丰富的内涵，是抽象思维长期探究的成果。客观条件相同，变化过程就可以一再复制，可以无限次的重新证实，转换成为各种制成品，形成巨大的生产力，得到预期的成果。

大规模工业产品，无数新颖日用品，进入人们的生活，正是理性思维的成果，发明发现，技术更新，极大地方便了人们的日常生活。有限的个人努力，汇聚成为人类的创新活动。

由此，人生突破了动物般存活，从只顾肉身吃饱穿暖，上升到充分运用理性，由不同方面来理解客观世界，有着物理学、化学、生物学、心理学、社会学、宗教信仰各个领域的发展。如今进入互联网时代，各种门类的研究，各种见解层出不穷。在信息社会里，个人智慧在相互促进，许多闻所未闻的事物出现了，公民的创造能力充分焕发，不断超越既有的界限，拓展新的领域。

5. 平面与立体

华夏子民，习惯于应对人情世故，群体里面交往。全部生存内容，归结在这一平行层面，停留于衣食住行，米面夫妻，功利名分，人情往来。对于更高的，多层次的人生，确实无力想象。

多少私民，用力维系着身边的那些相互联系，尽可能与周围人群保持同步，使父母放心，让上级满意，给朋友们带来好处，为同事、同学、同乡，挣够人面、场面、情面。就在这个平面交往里，为"面子"鞠躬尽瘁，无休无止，迁就长者和尊者。其间的委曲求全，顺水推舟，使日子还能将就，漠视矛盾，掩盖问题，求得相安无事，活着就算是比较滋润。

如何与他人打交道？就分为看得见的官样文章，同时还有只做不说的各种潜规则，说归说，做归做。多少私民，心照不宣，真真假假的戏文，一直在这么上演着，哪位也不用真正负责。关注着谋求私底下的利益，进一步，又退两步，兜着圈子，原地踏步。

从社会活动来看，为了"面子"，回避真实，编排出种种故事，睁着眼睛说瞎话，造假之风蔓延，素质一降再降。结果，谎言流行，彼此提防，不说假话，办不成大事，一害自己，二害他人，背后使劲，互不信任，成为了社会惯例。

应当看到，人们内心向往着的美好，基础就是真。一切从真实出发，说实话，办实事，做一个诚实的人，起步可能慢一些，却能够不断前行。诚实为本，讲究信用，才能一步一个脚印，扎扎实实的走出自己的路，从低向高，良性生长，前程远大。

与注重平面呈现的太极图不同，十字形的造型，能够立体地呈现，多层次的展开。当每个人具有信仰，超越了各种局限，会有精神层面的相互促进。激发每个参与者的能动性，从不同的角度，不同的侧面，都可以感受到丰富强大的精神力量。"千人之诺诺，不如一士之谔谔"，个人作为独立的思想者，自信而且坚强，充分发挥潜能，能够展现各自的绚丽多彩。

在那里，有信仰者，认为过分地讲排场，整天吃吃喝喝，停留于口感享用，多半是浪费，还会阻碍自己的精神提升。必须尊重每个人的选择，自主人生，自由表达，自觉行动，当事者通过各抒己见，所有的见解，都能明明白白，真相、真知、真理深入人心。每一位公民，作为社会的主人，在主动地改善自身状况，伸展着自己的精神境界，代有更迭，不拘一格。多个层次同时进步，远比局限于单一层面，活的精彩纷呈。

对于社会的全面立体发展，不能再以狭隘的眼界，低层面参与，局限于片段零碎的解释。那短暂的自我陶醉，总是企图去压过其他人，其他国家，简捷地后来居上，想着见机行事，按照自身习惯，来说话算数。

无知带来的自满，见不得别人的好，即使短期里，从落后变强大了，还是在愚昧地行使蛮力，停留于简单的"谁压倒谁？"按照"丛林法则"办事，全身心集中于眼前得失。如此私民，面对本来丰富多彩的精神境界，完全无法进入，更难以展开和提升，还是截取于某个低的平面，快刀斩乱麻，要把所有的人，重新拉回到同一水准。

在今日世界，人们精神一旦获得自由，将活跃于立体的无限空间，形成丰富的层次，心灵真正放飞了，不可能回到原先，再被低层面所束缚。

经历了华夏就是"天下"的漫漫岁月，通过了多种困难的关口，在现实里，通过与各种文化的交往，我们感知到争取人权，获得信仰自由的极其重要性。

我们正在重新审视传统，对曾经推崇的各类说教，不能局限于道听途说，玄学解释，冥思幻想，连猜带蒙，浑浑噩噩。

如今在互联网上，有无限信息的密集交流，世界上智慧的诸多大脑，已经直接实时连接了，新一代人，已经站在了往昔巨人的肩膀之上。

总结一下以上的比较，未来会如何展开？

就太极图形而言，如果还有人以为一切照旧，仍旧是在既存圆圈里面，一味追求"面子"，划分亲疏界限，把科学技术当作雕虫小技，就会作茧自缚。继续在那平面的，低层次的需求里面，在朝代往复的周期里，以平面单向循环，身不由己地回归既往。

对十字形发源地的文明来讲，处于全面展开的进程，正在无止境地开发新颖物品：人工智能，万物互联，无人驾驶，星际旅游，生物基因，长寿药物……此时，需要以健全平衡的心态，去驾驭爆炸性扩张的科技成果，防止人类被技术异化的倾向，避免过度地使用地球资源。

世界潮流滚滚向前，交流日益频繁。太极图蕴涵奥密，抚慰着十多亿华夏儿女的心灵。十字形宏大深远，开启着人生境界，放眼整个空间与时间，不断超越。

第四篇　朝向成为公民的明天

我们正在亲身经历社会转型的过程。要真正走出自我封闭的状态，需要有勇气面对现实，说真话，遵守法制，改变暗箱操作的规矩，提升基本素质，充分发挥自身的主动性，成为积极振作的公民。

第十五章　跳出"民、臣、君"的轨迹

孟子有经典名言：民为贵，社稷次之，君为轻。是故得乎丘民，而为天子，得乎天子为诸侯，得乎诸侯为大夫。诸侯危社稷，则变置。

在其间，社是土神，稷是谷神，农耕年代，由皇家设立祭坛顶礼膜拜。如果把社稷理解为皇上的"江山家业"，任用臣仆官员来把守拱卫，管辖众多私民，就更为简洁明白。

这样观察，众多的私民，又细分为了民、臣、君，其间形成了完整的生态链。

1. 封闭内三角

由此，我们可以看到一个自行封闭的内在三角关系。

一来天子亦是私民，是号称掌控"天理"，秉承了"天命"的第一号私民。以圣旨号令天下，需要老百姓的拥戴，需要那种习惯性的敬畏和愚忠。面对诸多事情，不需都能够弄明白，就是要无条件的服从，尽心尽力地去做。不然的话，遇到什么事情，都需要做出具体解释，皇上就失去了神秘感，不可能长久坐稳龙椅。

二来官员也是私民，是借公（朝廷）谋私的，为皇上的家族服务，协助其管理那"江山家业"。他们要得到天子的任用和委派，才能够当上诸侯，当上大夫，成为官员，必须对上尽忠。如果被皇上有所疑虑，放置一边，弃之不用，官员自身就算是玩完了，什么厄运都有可能降临。如此一来，官员们对上竞相表示忠心，力图得到皇上的赏识。相互之间，结成门生故吏，拉扯着关系，时时处处都在进行，耍出万般手段，就是为得到宠幸和提拔。

三是皇上为保持王朝稳定，治理管辖那亿万私民，决不会怜悯诸侯，或臣仆官宦的身家性命，过上一段时间，就是要对他们进行生杀予夺。皇上毕竟只有一位，可天下熙熙攘攘，为求官位，趋之若鹜，官员又维护着各自家族利益。皇上一方面需要调动臣仆，为其出力，另一方面，若任由他们无止境地掠夺民脂民膏，迟早惹出大乱子。需要能镇住这些作威作福，又打着皇上旗号的官员，适时管束一番，杀一儆百。官员们一旦有权无责，会无止境的作威作福，尽力捞取好处，官逼民反，漫无止境，这个朝代，将很快玩完。

如何看待这三个方面的关系。

世间直接相关的事物，以三为众，若其相互之间，有质的差别，能够彼此制衡，可以鼎足而立，相互促进，相互制约，落到实处，就能够持之以恒。

所有的人，皆为私民，又细分为民、臣、君三个类别，缺一不可。反复调整着三者间关系，在既往封闭性质的华夏大地，这个完整的内陆农业区域，实际上维持了太过漫长的年代。

在民、臣、君之间，某种意义上具有三足鼎立的情形，其内在的矛盾贯穿始终，经过长期博弈，必然走向激化。在某些时间点，由于一系列内外因素同时作用，会导致某个朝代发生大乱，原有的群体间关系，会突然崩溃。接着，因为整个内陆封闭状态依旧，社会大环境未变，就会整个儿地重新来过，演绎再一轮的兴衰起落。

每一次轮回，似乎都在所难免。

在我国传承下来的太极理念里，大道无形，无中生有，"道生一，一生二，二生三，三生万物。"

凡事一分阴阳即是二，二合正反又为一，任何的二，处在封闭的格局里面，相互之间，有强有弱，若有所平衡，也是暂时的，脆弱的，名义上的，很快会分出高低。二又会被一所吸纳，回归到某种一元化状态。

如果有四个，或者是四个以上的势力，则会很快分化，在不断调整里，不久又演变成内部的两大派别，到了这一步，必将走向某种一统，不太可能形成彼此制约的关系。

从实际状况来观察，传统意义里面的普通私民，在平日里求个温饱，指望安稳地活着。臣仆在努力求取功名利禄，为科举十年寒窗苦，孜孜以求能金榜题名，要做官，有权有势有面子。君王则要保持长治久安，巴不得能再活它五百年，金口玉言，一句顶一万句，主宰着自家的天下，能够一代接一代，继承下去。

从秦朝开始，君王成为了"朕"，天人合一，就是上天在当下的化身，是神仙下凡。百姓对其迷信跪拜，万岁爷说一不二，出口即圣旨，颁布各类刑法，以惩治犯事的臣民，使之规规矩矩，重农抑商，减轻或增加税赋，调节着社会财富的分配。

那众多臣仆，身为君王的扈从，在尽可能多的谋取好处，有利于各自家族，扩大眼面前的权势利益。他们浸泡于传统秩序，口称忠孝伦理。延续了一千多年的科举制度，使所有的识字者，从小读着"圣贤书"。一旦有幸，成为了依附皇上的官员，作为笼统的主导群体，别无它念，就是靠继续当官，来发家致富。

众多无知无识的私民，只有听从官员的训导，明明是被奴役，被剥夺，他们无依无靠，怀着深深的敬畏感，本份地旁观与等待，盼望接下来能够出个仁慈的皇帝。

可往往事与愿违，当皇上无所顾忌，官员的压榨趋于无限，无数私民，被逼得活不下去了，又到那风起云涌之时，各地豪杰应运而生，揭竿而起，又要替天行道啦。

2. 千年臣仆

成为我国特色的重头戏，是维系民、臣、君之间，那个自我封闭的官场，作为臣仆们施展运作，反复内卷化的场所，底蕴深沉厚实。

经过历次科举，层层选拔，网罗天下文人精英，加上各种荐举，诱以官位俸禄，那些大臣阁僚、封疆大吏、或者中下级官吏，以规模庞大的组织体系，相互牵连，利益交织，共同形成了拥戴皇上的深厚基础。

万般皆下品，唯有读书高，学而优则仕，读书人本来就不算多，几乎所有的聪明、能干、强悍、优秀的精英们，基本为官府所包揽，归入官场，强化和稳固传统的等级制度。

如此一来，分散无助的普通百姓，为了好歹活下去，就要听从当官的差遣。事实上，在家靠父母长辈，出门只有靠拢官府。由于父母和"父母官"都是既定的，任何后代或者晚辈，对此都无法重新选择。至多有些大概的揣测，什么算做得妥当了，哪些方面，还需要跟的更紧。正因为不能选择，那就得附和跟随。

其实，多少官员的言论行为，有些类似于承包经营商，在为皇上服务的同时，有了好处，就悄悄捞上一把。如有了什么失误，就设法把责任推脱给其他同僚，巧言令色，左右逢源，很会来事。一旦原先皇上大权旁落了，就会察言观色，弃旧图新，去跟从新的皇上。官员们前仆后继，其存在与发达，历经几千年，成为左右社会风云的职业，那些只会当官，没有其他专业技能的大有人在，候补者众。

各级官员，专门考虑如何摆弄上下连接，时时揣摩着君臣之间的关联，对下"管卡压"能到什么程度？可以挤出来多少油水？可以多占几成好处？拉大旗作虎皮，把可伸可缩的权力，运作得滴水不漏，肥水流进自家田。

华夏九州，作为基本封闭的内陆，早就自成一个完整的天下，地域广阔。君王为实施有效的管理，树立绝对的威望，形成强劲的势头，必须先统一各级臣仆的观念，灌输已成型了的说法，颁布整齐划一的指令，强调传统观念和德行，落实号令的有效性。要使数以百万计的官员忠于君王，要使这个皇家天下，能够代代传承下去。

当朝皇上，为了长治久安，给予各级官员职务范围内的权柄。如何行使那一级的生杀予夺之权，就有了相当大的随意性。各种机构重叠设立，官员制度臃肿繁杂，就是要使外来者，摸不着深浅，插不进手。内部呢，官员们互相扯皮，派系林立，节外生枝，不会铁板一块，便于分而治之，低成本地加以控制。

各地方的主政者，因其官职获得权势，具体怎么实施，都有理由，往往就方便地滥用职权，简捷地强求说到做到。皇上的圣旨要办，其他的事情，则看本官的手段，能够捞到多少，只要不招惹太大的麻烦，也就被糊弄过去了。

官场里，又分为帝师、阁僚、文臣武将、县太爷、外招杂役。随着时间推移，他们千方百计，强调着各自的重要性，不受限制的扩编增员，分门别类地承揽各类特定的权势，就是为了获取相当的利益。在神州大地，能够直接连接着至高的皇权，得到任命的，也就能在某个局部称王称霸，垄断着那儿的方方面面，对其属下拥有合法的管辖权，伤害权。

任何稍大一点的事情，无论经济、社会、文化哪个方面，多少是由官方发起的，或是官府组织的，至少也是得到某些官员私下认可的，参与的，打擦边球的。由此控制着每一块地方，每一条可能的通道，官官相护，心照不宣。民不可能与官斗，处于散沙状态的私民，根本不可能是各级官员的对手，也不具备与官方整体，去"讨一个说法"的可行性。

相对于皇家，官宦们在漫长的朝代里，谋取私利，治乱交替中，通过各种提携方式拉帮结派，人多势众，形成重要的利益攸关群体。

我国的各类官员数量，比任何国家都多，其大规模的聚集，到了一定程度，事情的性质，就发生了变化。当数以百万，千万计的官员，具有相同的处世信条，变通的行事风格，在方圆九百六十万平方公里的大地上，同一时期，采取统一行动，操作某些事件的时候，其力量确实可以移山倒海，调动周边的人群都跟着走。设身处地想想，在那荡平海内的指挥号令之下，会有多么大的滚滚洪流啊。

明面上看，官宦们不可能家天下。实际操作里面，某地区、某部门权势的重心，正是在官员之间，不断转移运作。某一位官员，仕途起伏不定，潮起潮落，是当个座上宾，或者坐冷板凳，还是沦为阶下囚，全看他的奔波与造化啦。在无穷无尽的运作里，一着不慎，满盘皆输，官宦生涯，忠臣乱将，演绎那生死沉浮的宦海风波。

从官员的口头上，会听到那正统说教，刻意让他人看到的，多是其阳的表面。其实，官员们还各有其阴的一面，实际经营着私底下的利益链，就是得有自己的圈子，亲疏有别，尽可能多的照顾同僚，一门一派的利益，在行使权力期间，把方方面面都能应付过去。

3."穿越"向何方

在当下，国内大众看到的戏曲、影片"穿越剧"里，许多故事的编排，依然是浓厚的宫廷情结。就是在不由自主，包装过往，演绎着威震天下的帝王将相，重重萧墙里的深宫内幕，比照当下宣传口径，戏说那些陈年遗恨。与好莱坞科幻影片总是向未来穿越，创造闻所未闻的宇宙太空场景、智能人、基因变异、外星生物入侵……形成鲜明对比。

历史的包袱太过沉重，一再叙述着既往的恩恩怨怨，情深意切，那多是对身边情形的再三感悟。长期以来，华夏自成完整的"天下"，似乎先有了皇上的恩典，才能有百姓的福祉，只能以朝廷出面，来安顿臣民，治理天下，连贯性强，在各个朝代的周期循环里面，有头有尾，环环相扣，完全遏制了其他的变化可能，老戏文就那样再三翻唱着。

一旦本朝稳固了，就会忽略百姓的基本需求，按下不表，关起门来，充分演绎那君臣间的龙争虎斗。闹剧绵延，私底下的较量，全看当时的君王能否驾驭得了。到某一个朝代的中后期，积累下来的各类灾难，已经多到不知从何入手来解决，星星之火，势必燎原，大势已去，气数将尽，内有习惯于多吃多占的官员，外有接踵而来的天灾人祸。

君王们要维护家族传承的纯正血统，传位给自家的血脉，由儿孙来继承。同时，要适当遏制各类官僚，防范过度攫取的行为，控制其与百姓过分争利，激化各种矛盾。

具体的做法，就是要笼络住那些强者、佼佼者、谋求私利者。由此，历代皇上的套路，最好是启用忠心，适当敛财的官员，这毕竟可遇不可求。其次是多数有些愚忠，又私下里在敛财的官员，攥着他们贪腐的"把柄"，可以牢牢地捏在自个手里。不得已就使用能干，不太忠心，而又在肆意敛财的官员，只要皇上能够镇得住，官员们都还会办些事情。

经过几代交替，本朝的神秘感涣散了。在那向内运作，没有节制的权势扩张里面，官员都在为各自收益而奔忙，肥缺有限，跑官、买官、卖官，内部矛盾逐步加剧，凝聚力却日渐涣散。此时的皇上，往往会尽可能地，任用那些能干的贪官，使其被控制，被养肥，被驾驭。官员置身君与民之间，色厉内荏，文过饰非。与此同时，皇上又要防范官员，每隔一段时期，还得有技巧，有权谋地进行清查，处理某些太过作恶的贪官。用大开杀戒的办法，用以平息民愤，维持修补，如此剜肉补疮，收放自如，讲究驾驭之术，力图江山永固。

如何维持皇家统治，在北周，当朝皇帝宇文泰，与谋士苏绰之间有一番对话，里面讲的很清楚，就是六个字：养贪官，除贪官。

为了皇上家族的江山安稳，放手任用能干的贪官。以臣私，谋君私，捏着其"软肋"，"把柄"，驱使他们只能跟着皇上走。久而久之，等到官员们仗势欺民，中饱私囊，激起了遍地民愤之时，除掉某些败露的贪官，又是必须的。大处着眼，可以维持表面的平和，消减不满情绪，又能让众多私民，出些闷气，继续跟随。

在尽可能敛财的暗箱操作里，皇上纵容朝廷大员，由着他们熟练地贪污腐败。接着治标不治本，选择性处理一些贪官，清除潜在的对立面，又变成了伟大功绩，让万民欢呼，维持着那个大"局"，力求溃而不崩。

清代乾隆皇帝驾崩之后，嘉庆皇上登基。短短十五天后，在老皇帝跟前红得发紫的大贪官和珅，就盛极而衰，身陷牢狱，奉旨自缢。"和珅跌倒，嘉庆吃饱"，新皇上名利双收，从和珅家族收缴了诸多财产，充实大清国库。

封闭的大一统里面，不管换了哪一位皇上，必定自认为奉天承运，受命于天，肆意妄为。

这一边大肆操控分赃，运作本时代的财富积累，为所欲为，那一边是毫无权利，义务多多的百姓大众。全有和全无，都在趋向极端。

缺少切实有效监督，官员以捞好处为己任，就是为了放大其家族利益，却没有相应的责任。由上而下任命的官员，必定贪腐，在全球最庞大的暗箱操作里面，路径错综复杂，买官卖官，消耗银两，度用无休无止呐！私底下的运作，都要花费钱财啊！

为得到权力的庇护，滋生着无比猛烈的贪污腐败，权大官多，一定扰民，极度权势，极端扰民。

京官、宦官、武官、地方官、各个门类的官……数量无限，近亲繁殖，苛捐杂税，苛政猛于虎，百姓煎熬，最终掏空了那个王朝。

这样，自设立郡县制以来，形成庞大官僚集团。两千多年过去了，民、臣、君，三者之间关系，始终在塑造着，运行着，不断调整加固，时间久远，侵蚀所有空间。皇家控制着盐、铁、土地等基本资源，层层加重税赋，还说是皇上养活了臣民，就得继续垄断基本财源。

在长期封闭的高压之下，加上保甲连坐制度，如有某人犯上，诛灭同族，由此形成势不可挡的巨大惯性，强迫所有人认命。从日常生活起居，到饮食男女，从生老病死，到礼佛尊儒，由祖祖辈辈，到今生来世。单个的私民，只有参加到已成型的群体里来，多少事情，早已按部就班了，平日里有什么过激举动，也都在当今圣上的掌控之中。

即便是陈胜吴广、李自成、洪秀全们，亦为自身遭遇所迫，至多是想去改朝换代。他们应运而生，押上自己和家人的性命作赌注，盘算着进了京城，能改朝换代，打天下坐龙庭，而且要做更有能耐的圣上。他们从没有想过这般的世道，还能有什么实质性的变化，无从想象，可能会有不同的制度，几百年、几千年就是这么过来的。

可以对比一下欧洲封建时代，基于长子继承制，众多的大公国，诸侯国，作为某一些家族的世袭领地，不断的分分合合。在那里，臣作为君王的附庸，人数有限且分散，不可能与君王势力相提并论。

由于政教分离，行业协会，君主立宪，王在法下，王权受到实际的制衡，英格兰在1215年签署《大宪章》，历经1688年的"光荣革命"，影响着欧洲诸多公国，具有各种结盟与外交联系……那些华夏闻所未闻的事件，那种社会格局里，任何权力，都会受到其他现实力量的制衡。

依古罗马法的传统，普通居民，具有各自的信仰，有养活自己的职业，有些个人身自由，财产权利，有相对独立的人格。若实在难以谋生了，还可以避走他乡，出走到其他国去，别开一条生路。在公元十五世纪，意大利热那亚人士哥伦布，葡萄牙水手麦哲伦，投奔并与西班牙的君主订立契约，为了还不知道版图在哪里的殖民地"总督"头衔，毅然地弃旧图新，毫不为难的投靠了另一个国家，历经千辛万苦，锐意进取，舍生忘死，去找寻传说中的新大陆。

这样一比较，欧洲中世纪各个诸侯公国，就显得完全不同，在相当于华夏朝廷的版图里面，有多达数十个，上百个诸侯与公国，那里的实际势力范围，不知道被改动了多少次。

以此作比照，来看我国官场，规模最宏大，形态最完整，底蕴最深厚，延续最长久，内部最复杂，转变最艰难。历两千余年经久不衰，缠住了每一代民众的心身。

形成这种民、臣、君的运行轨迹，犹如一个巨大的"黑洞"，吞噬一切社会资源，堵塞了任何其他可能性。它充分展现种种罪恶，危害所有容忍其存在的人，一再行进于向下的坠落与循环。

必须跳出"民、臣、君"的运行轨迹，决不能再重蹈覆辙，是无数私民，在历经坎坷之后，痛定思痛，弃暗投明，做出的正确选择。

如何能够幡然醒悟，弃旧图新，"穿越"进入公民社会，实在是任重道远。

第十六章　成为公民的进程

活在反复内卷化的群体里，大一统体制持续的太久了，完全没有个人去做出选择，完全没有个人的言论自由，完全没有个人主动寻求发展的可能。身为麻木不仁的私民，不管往哪方面靠拢，都深陷在层层挟裹之中。

1. 混沌的"天人合一"

严复当年翻译《论自由》一书，对本来简洁明了的标题，为什么要煞费苦心，再三斟酌，定名为《群己权界论》？正因为那时的华夏，根本没有个人自由这个概念，没有限制朝廷无止境权力的可能。无论何事，都由官方来一锤定音，是非曲直无所谓，真的假的不在乎，乞求由既定权威来定调。谈论个人应该拥有权利，那真是石破天惊，闻所未闻。为了进行启蒙，严复强调对官府拥有的各类权力，必须有明确的限定，才能使民众个人，能够拥有自主的权益。

在既往，囿于"天人合一"的传统观念，任何事情，都被烩成了一锅粥，无法分辨，说不清楚。就是要避实就虚，刻意的不明不白，众人只知跟随附会，仿佛都由同样的模具里压铸出来。那使所有人都迷迷糊糊，把正在发生的事情，局限于一些感受，归结于某些笼统的道德说辞。从根本上杜绝了独立思想，泯灭了有条有理思考的可能。这样的私民，让其走，他们都无处可去，这就可以任凭"官大一级说了算"，随意摆布私民。

在过往的朝代交替里，民、臣、君之间，具体角色，具体身份在变换着，构成了控制与被控制的关系，明争暗斗，时起时伏，没完没了。

传统以为，事情都会分为阴阳，那就是一分为二，而作为正反的两面，又会合而为一。阴阳双方，处在封闭的格局里面，相互之间，窝里争斗，有强有弱，即使有所平衡，也是短暂的，名义上的，很快会分出上下高低，还是由皇上来把持一切。

直到鸦片战争，这种封闭型内部平衡状态，被不可抗拒的外来力量彻底打破，没法照旧继续了。经过了二十世纪初年的一系列重大事件，华夏开始变为了中国。

那曾经的"普天之下"，已经成了众多国家里的一个成员，在对外交往时，不得不遵循各国通行的准则。

在大部分国家，普遍实行了立法、行政、司法权分立，民主选举各种类型的代议机构。进而，公民权利有了明确界定，审计、监督财政预决算，以公开透明的利益分配机制，自由的新闻媒体，建立国防军，保护公民合法财产权，个人作为各类权益的主体，组成为多元化的公民社会。

人类发展的进程无法逆转。保护公民自由平等，能够焕发人性优秀方面的制度，一旦得以产生，就会传播开来，由小到大，由弱变强，由少数地区运作，扩大到更多地域，逐渐通行于世界。

一百多年前，面对接踵而至的内忧外患，终于在武昌，引爆了辛亥革命，终结了一再错失改革机遇的满清王朝，废除了皇帝世袭制度，推陈出新，建立了共和国。

先前，崇拜皇上，曾是民众长久的迷信。此后，定于一统，依托天子的神秘感，彻底破灭了，逐渐成为了过去式。

变更涉及到每一个人，众多私民，正在向往变成为公民，变为一个有自身权益的主体，变为能独立展现精神追求的个体。必须运用普遍有效的宪法规则，形成良性的分权制衡，建立公平正义的法治体系，来推进社会的积极转型。

2. 二元结构是过渡

正是这一个历史性的转变,也终结了贯穿几千年的民、臣、君封闭三角关系,原先状态已经断裂,一再内部循环的宫廷游戏,难以为继了。

由此而来,封闭的内三角结构,更迭为官与民的二元连接,客观现实发生变化,进行着结构性的转变。

二元连接关系,不再能形成稳固结构,本来就是过渡性质的,不可能长久不变。

在现实的国际环境里,变化正在加速。我们看到发达国家,看到其他由弱变强的国家,的确想学习,想模仿。表层的条例文本,可以很快引进,实质性的转变,却相当困难。华夏原有的权力运行模式太"成功"了,太"有型"了,掌权者在千方百计,变相恢复,使用起来得心应手,一呼百应。

每当遇到难题,马上想到充分运作行政权力,继续号令天下。上面缺少皇家来整肃,下面没有民众的自由成长,没有日常法治监督,走着走着,很快会演变成为缺乏制衡,向内下功夫的一体化结构。企求以更高度的集权,来调节官员的作为,扬汤止沸,适得其反,只能走向更加极权。

五十多年前,文化大革命始于领袖一声令下,揭发批判"三家村","炮打司令部",整顿官僚队伍。紧接着,又镇压被煽动起来的造反派群众,再往后,去打倒清理军队里的不同派系,"批林批孔"。使方方面面,自顾不暇,朝令夕改,推倒重来……一场又一场的混战,左右开弓,争斗不已,令人眼花缭乱,形成为轰轰烈烈的"十年浩劫"。其间,有发起者的个人决断,亦有官与官、官与民之间矛盾的集中爆发,让所有人无所适从,惊恐不安,朝不保夕,跪着求生。

在"文化大革命"中,说尽了世界上最动听的言辞,标榜着无比美妙的"乌托邦",干着彻底泯灭人性,抛弃原先文化传统里的真、善、美成分，放任最狡猾毒辣者，两面三刀，百般作恶，混得风生水起，用尽更为阴暗卑劣的伎俩，才能够活下去。

在此滚滚红尘里，众人"悔过自新，重新站队"。官员们各有帮派，作为当下权力的占有者，见好处就捞，没好处就混，人人害我，我害他人，若少害人，便被人害。相互之间，无所不用其极，使几多风华正茂的青少年，误入歧途，那尚且有些良知的文化人，里外不讨好，被逼上了绝路，掀起了人为的"造神"运动。

回首那糟蹋了几代人的残酷内斗，由"上诈而下愚"，造成卑劣行径的大合流，同胞相残，浩劫连连。为何一些人对那些暴戾迫害，会如此健忘？而对那超常规的至高权势，却恋恋不舍？

数十年弹指一挥间，回过头来思考与反省，更多人看到了体制性的难题。确实，在这个整体里面，每一位私民，不管身处哪个层面，都活的相当艰难。往事不堪回首，闹腾一番，还得继续过日子。

改革开放以来，我国有了初步的，技术层面的，非基本结构的那些经济改革。更进一步，需要果敢地推进深层次的经济、政治、社会体制改革，培育形成公民社会的基本条件。

重温孟子的话：民为贵，社稷次之，君为轻。

君已经没有了，那种盲目的情感寄托，唯上是从的偶像迷信，逐渐烟消云散。

每个人与他人，作为自主的个体，成为公民，相互促进，获得发展。朝向这历史性的进程，已经开始，必将继续往前走。

现代社会，公民的各项权利得到保障，成为实际的权益主体，成为社会进步的推动力量。公民行使合法权利，表现为多样化，多重性，需要自由生活，自觉自为，自主发展。

在现实里，设想把他国的长处拿过来，"短处"统统回避掉，猛一看似乎很巧妙，具体做起来，却在走回头路。一味强调民族特色，贯彻从上到下的大一统，即使能一时建立起某些偶像的绝对权威，短时间似乎很痛快，收放随意，关起门来，向内运作，却难以走出老一套的治乱交替。

继续套用老办法，以那超大规模权势的神秘感，以官员们的精巧运作，来统一言行，过度控制民众。众多的民，还是由官员来"管控"。

重塑往日的完全封闭，运作无止境的权力，无限制的任期，遇事还是领导说了算，堵住所有人的口，还有可能吗？

哪怕换上再杰出的领袖，也难长此以往，穿新鞋，走老路。

用贪官，治愚民，已经难以为继。

众多私民，正在脱胎换骨，弃旧图新，向往成为公民。

如仍旧是运用计谋，竭力阻挡这一客观进程，就会在不同的群体之间，表现为剧烈的社会冲突。众人都在眼睁睁的关注变化，在各种问题接踵而至的今天，内在矛盾大爆发的时刻，不会太遥远。

3. 三生万物

在日益开放的网络世界里，众多信息，正在瞬间实时传递，发生过的真实情况，得以逐步披露。许多欲盖弥彰的往事，被还其本来面目，水落石出，发人深省。

伴随无数真相的逐渐披露，人们睁开了双眼，开始运用大脑，重新认知，有了对历史真相的反思，表达出不同的见解。与之相较，任何曾经无限狂妄骄横的权力，都在逐渐递减，趋于没落。

当我国参与到世界贸易组织后，接触整套市场经济运作规则，初步产生各类经济权益的主体，开始了实际走向现代化的进程。

由此前行，需要宪政民主，健全法治，保障每一位公民的各项权益，推动基本格局的变动。

追寻天赋人权，法治正义，自由民主，公民权益，是人类文明的大势所趋，是现代生活的必需品。

如今，各位中国大陆居民，正在逐渐清醒，了解真相，转变观念，渴望自由，开启未来。每个人都是独特的，他的生命，有一种精神性存在。他的个性，他的精神能量，需要得到自由的展现，真正过上人的生活，这是公民个人幸福的实质，是个人的尊严所在。个性的自由展开，不仅使某个人自己更有价值，也会对他人更有价值，使群体具有更多的活力，会促使每个人焕发创造力，努力推动各种社会活动的进步。

由此，保护公民个人自由，尊重个性价值，保护不同思想言论，生活方式。允许千差万别的个人，在遵守基本法律的前提下，发展自身的独特情趣，按照自身的经验，规划自己的生活。这样，公民个人有幸福的生活，现代社会得以丰富多彩。

在公民社会里，在各位独立思考，自主行动者之间，有着各种主动、互动的组合。各类社会活动，发源于自觉自为的公民。每个人的生命过程不可替代，他的想法，他的努力，他的作为，只能由他自己来决定。经济的、社会的、文化活动，建立在个人平等交往的基础之上。公民作为权益主体，由各类兴趣爱好所引导，通过各种合法途径，充分地去表现，实践具体的目标。

保障公民基本权利，成为社会持续发展的基础。各种自治性团体的广泛分布，大多是自发形成的，理念接近的个人，就会走到一起来，相互间平等交往，自行组织。在社会与经济交往里，公民尊重宪法，依据法律规则行事，订立契约，努力去实现自身的意愿。有什么问题，就解决什么问题，不会疑神疑鬼，时时在镇压的威胁下面，被胁迫地去做这做那。

经过民主选举，产生的政府机构，依照宪政规则运作。从欧美到亚洲、非洲、拉丁美洲，从发达国家，到相当多的发展中国家，呈现良性的运行状态。

当有了自由权利，为自身的信念而努力，为合法合理的事业，进行工作的时候，每位公民，各负其责，各展所长，在极大地焕发出聪明、才智和热情。他们找寻着生命的意义，并且付诸实践，从事建设性的活动。

在努力解决好"吃饱穿暖"问题同时，社会发展的动力，更多地来自于实际的分权放权,来自于权利主体间的契约关联,相互制衡。

现实社会,正在转型到多元化。

用先哲的话来说,那就是:一生二,二生三,三生万物。

每一位公民,作为独立的权利主体,依法参与各类社会活动,努力成为自己命运的主人。

面对转型,那些迷信传统特权者,在臆想里,继续鼓吹"阶级斗争"观念,任意把人们划分为不同的阶级。还是通过亲近一部分,操控一部分,打击另一部分,不断地转移关注焦点,制造出无谓、无情、无尽的争斗,就为了能够沿续往昔,压抑公民的成长,低成本地控制一切。谋取绝对权威者,力图反弹琵琶,看起来发动了群众,整倒了另一部分"权贵者",还是欲擒故纵,选择性反腐,清除其他宗派,延续全盘控制。

士别三日,刮目相见。中国社会有了方向性的转轨:从只有一个主人(君),正在经历有一批主人(臣)的过渡,必然进入到每一个人(民),都真正成为主人的时代。是进是退,公道自在人心,开启了新的篇章。

进入21世纪了,仍有人继续挑起一部分民众,来批斗另一些民众,演绎整肃"阶级敌人"的老把戏。高喊响亮口号,为维持超大规模过度控制,设立更多的监察机构,运用改进型的暗箱操作,指望都换上亲信,仍然于事无补。

面对真正的结构性改革,如果仍然敷衍了事,挤牙膏式的修补,吞吞吐吐的掩饰,忙碌于堵塞漏洞,一条道走到黑,处处引发更多不满,时时酝酿着难以预料的冲突,继续付出超高的代价,实在得不偿失。

在此转折点上,如果犹豫彷徨,再失良机,将有负于天下苍生,当断不断,反受其乱,趋势比人强,正在席卷而来。

在社会体制的根本转型里,开弓没有回头箭。面对汹涌大潮,"千年等一回",我国的社会演进不可阻挡,高潮迭起。思想启蒙,自主平等,言论自由,良性互动,合法权益,应予保障,依法治理,循序渐进，真实多元，制衡平稳，建立宪政，公平正义，立法坚实，司法独立，行政高效，有限政府，公德公益，健全理性，公民社会，呼之欲出。

努力挣脱自我封闭的传统，跳出"民、臣、君"的固有轨迹，亲身感受从灰暗的过去，转型进入那多彩多姿公民社会。置身这全方位的巨变里，我们大有作为，正在开创未来。

第十七章　直面前世今生

世代私民，缺失信仰，缺乏诚信，缺少实话实说的勇气。成则王公，败为流寇，一旦得手，暴戾横行，拉帮结派，不择手段，无休无止，直到内外大乱，灾祸连连，自行毁灭。

这种周期性自我毁灭模式，有着无比顽强的传承，一再复制。

在必须做出实质性改革的今天，每一步的努力，都那么艰难，稍有松懈，马上退回过去。甚至会前进一步，接着却倒退二步，运用全新的技术和手段，一再拖延实质性的社会转型，把每个人的身心，管束的更紧。

进入21世纪，中国人正在发生历史性的转型：通过努力，争取自身权益，真正成为公民。你我都参与其中，是消极应付，还是去积极促进转型，成了每一个人必须回答的现实。

1. 抛弃"乌托邦"的幻影

在由内卷化群体，封闭思维模式和全面专制权力，构成的华夏生存模式里，反复演绎着"窝里斗"历史，实在太过于沉重了，太过于长久了！

举着冠冕堂皇的旗帜，领袖说着当时最为动听的恢弘语句，营造表面和谐，一派理想境界，设计编排出"乌托邦"式的宏大场面。从一开始就编制剧本，营造出各种"幻影"！

调动不计其数的私民，追求一呼百应的效果，看起来热闹非凡。说是集中力量办大事，其实，相当部分是办砸了的事。

为什么会这样？那以权力最大者的认知能力为标准，保护掌权者的利益，只可以做某些事，不允许做其他的事，越来越僵化。把一切人力物力财力，强迫地集中到各级官吏手里，再按权势高低，任意地分配，所有的人，都被强制，都被扭曲，难以得到自由的发展。

来来回回折腾，何时会有尽头。

真正的社会改革，必须对症下药，逐渐改变封闭群体的运作机制。从被管束较少，长期被边缘化的群体开始，由基层人群参与，从自发到自主，激发相关者的积极性。

改革先经由上面同意，大家也相信领袖人物的说法。既然改革不可能是论证好了再来做的事，所以在一些方面，是边做边改进，逐渐使某些人，使更多的人群真正动了起来。多达几亿人的"农二代"、"农三代"，离开乡村进城了，家庭、家族关系变得宽松一些了，增添了全新的内容。乡村居民大量进城务工，他们睁大眼睛，找寻其他的发展机会，不再盲从盲信"乌托邦"的幻影。

每个群体内外，有分有合有关联，才能达成现实的多元化。开始经由公开化，有公正、和平的持续发展，人们能够以良好的心态，去从事各种事业。真正的转轨，与宪政，与法制的进步密不可分。

努力转变传统机制，必须从官场着手。任用官员，由过去的终身制变为任期制，是一个至关重要的变化。

一来担任某个职位，有了明确的时限。规定任期到了，职位就得有所变更，淡化把领导者神秘化的倾向。

二来行使权力的过程，客观上有了一些标准化的规则，使一些变化，可以依据规则，事前预判，相互督促，事后验证。

三是对官员担任职务的表现，有了一些考察，会做出某种评判，对某些层级，还要在一定范围公示，会重新审视那些官员的所作所为。围观者多一些，相关者们，都在看着呢。

能做的事情先做，当然会有准备不足的毛病，有些还会很严重。

任职时间虽然有了紧迫感，但在这个期间里，真可说是一呼百应，说一不二。要变为贪腐的典型，实在也用不了多少时光。只要这个职务还是内部任命，由上级来指定，就仍然具有排他性，具有少数人的独占性。用不了多久，投机取巧的聪明人，通过各种路数来跑官。近朱者赤，在职者，继续用权力寻租，觅得升迁或发财的捷径，关系网形成的更快，更有效用，使腐败状况滋生蔓延。增设各种检查监督部门，亦无能为力。

毕竟，没有公开透明的官员财产公示制度，没有多元化的舆论渠道，公正的选举制度……没有基本运作方式的转变，存在于一元化体制的内部事宜，都是可以给予变通的啦。

暗地操控的特征，在于不透明。各类事情的来龙去脉，一旦全面对公众开放，就必须公事公办，简洁"明了"，逐步转换成公开透明的制度，有什么问题，就切实加以解决，时时处处，由公众来参与和监督。

过去，对应着稳固的群体关系，可以多少年不必考虑改变。而今，基于经济领域的变化，每时每刻都在发生着。多少事情走了第一步，就得迈出第二步，第三步……谁都停不下来了，有了日常活动的变化，接着需要做出组织机构方面的调整，然后，需要变革运行的规则。从一个领域，扩展到另一个领域，似乎自然而然，水到渠成，先是影响直接相关者，慢慢地，就会影响到更多的人群。社会关系的真正变化，来自于每一位参与者的积极改变。

过渡状态无法久留。如果一再强化内部控制，继续唯上是从的状态，还是一片赞美之词，用虚假的"乌托邦"幻影来包装，来哗众取巧，那就仍然是欺骗，会在歧路上越行越远。

2."丛林法则"的边界

正像流行歌曲唱的那样，洋装虽然穿在身，我心依然是中国心。在熟悉的群体环境里，大家都把自己当成为一颗螺丝钉。作为螺丝钉，当然可以有大号的，也有小号的，却都不必由自己去进行思考，主动选择，只需环环相扣，拧紧跟直接上级间的联系，加强关联度就行了。看起来是那么的和谐，走了"捷径"，在封闭内卷的群体里，包容了全部的人，弱肉强食，贯彻丛林法则。其实，对种种不合理，不合法，都在熟视无睹，为达成各自的私利，嘴上说着假话，行动中为求取功名利禄，不择手段。

由于最大限度地集中了公共资源，都交给各级官员掌控。那种内部人操作，为求得某些有利位子，而争相自肥时，就会保护各类特殊利益集团。不断通过手工操作，来维系，来协调复杂的利益关联。

现实的情况是，多少奉行既定传统者，在长时期里养成的种种毛病，根深蒂固，仍会时时发作，把玩属下，以为便于控制，继续内耗不已，按照原有套路来办事，为自己，为家人亲友，谋求份内份外的利益，把权势运用到极致。

强求支配他人，实际操作，还是继续运用动物世界里的丛林法则，完全不懂公平正义，只在乎满足原始的生理本能，不知疲倦，不顾廉耻地赚钱、揽权，贪心不足，欲罢不能。老是怀着急迫念头，缺乏安全感，失去了健全的心理，充斥着焦灼的占有欲。陷入得之狂妄，失则萎靡的困境，得失之虑，身心俱疲，无力自拔，越陷越深。那与生俱来的管制倾向，内部人运作，脉冲式扩张，里里外外，多的是复杂的权力纠葛，相互间利益分配与再分配，扩张"寻租"空间，少的就是公开公正公平。

当与其他国家，交流交往日益频繁之时，某些人全无顾忌，充分运作大国的财力人力，迎合他国某些掌权者的私心，对症下药，满足其个人，或家族利益。表面上，打着维护本国、本民族的旗帜，高呼民族主义的口号，实际里不择手段，金钱开道，私下交易，点对点突破，侵蚀其他国家的制度，破坏他国公民的自由民主权益。其腐朽的特点，腐蚀性的影响，腐化堕落手段带来的破坏，从国内问题，变为了国际范围的重大事件。

一直迷信"伎俩"和"手段"的私民，看不到真实运作的公平正义规则，看不见"丛林法则"的实际边界，看不出运用"成王败寇"套路的范围有限，还是竭力施展计谋，继续手段连连，说一套做一套，维持弱肉强食的结果。

作为亚洲的大国，这种耍耍小聪明，玩玩小伎俩，无视诚信，破坏规则，看起来是有损他人，自身得利，走上了"捷径"。其实是缺乏大智慧的结果，不去遵守国际间交往的基本规范，就是在给自己挖了一些大坑，挖的太深了，最终会埋葬自身。

要把丛林法则贯彻到底，就得强化传统体制。这就会双重标准，面对其他国家的按法规办事，表现为口是心非，抓住机会，唯利是图，有缝便钻，把水搅浑，并推向歧途。众多私民，在经历真正的思想启蒙之前，难以感受积极向上的信仰，难以相信人权与公民权，难以把遵守法制，当成社会生活的必需品，他们漠视法制，使用那些破坏规则的做法，能够得逞于一时，却无法运作长久。

今天，在大多数国家，人们已经成为公民，不可能因小失大，轻易放弃公民权益，漠视公平正义原则，屈就于不择手段，破坏文明秩序的丛林法则。

从全球范围看，建立健全公民社会，作为现实的趋势，是不会逆转的。在大多数国家，已经享有自身合法权利的公民，即使被蒙蔽一时，决不会糊涂地弃明投暗，任人宰割。

3. 谁愿意蒙在鼓里

我们面对诸多变化，其基本的前提，需要和平地开放信息。

每一位公民，都应该通过多种不同的信息渠道，能了解真实的情况，独立地去进行思考，运用具体的分析，公开发表见解，形成敢想敢说，言之有理的氛围。进而，伴随言论自由而来，公民身心健康，制度健全，才会真有民族精神的崛起，才能具有真正的软实力，推动着经济和社会，真正步入良性发展。

回顾100多年来，经历了峰回路转的变革过程，皇帝的"名分"消失了，通用了白话文，部分人有了信仰，加入世界贸易组织，经济上了一个大台阶，有了各种类型的公司，初步形成着法律体系，互联网应用的极大普及，影响生活的方方面面，不再能够完全控制信息传播。

由此实实在在的进步，客观上开始摆脱原有的循环。怎样开启较为宽松的社会环境，经由每一个人独立思考，培育健全的人格？怎样真正具有科学的思想方法，遇事刨根问底，进行认真的讨论，逐步达成言论自由？

在公民社会里，保障言论思想自由的基本权益，会带来什么景象？可以看看美国宪法第一修正案的规定，"国会不得立法……限制言论出版自由"。其后200多年的社会进步，或多或少，与此有着直接的关联。每一个敢想敢说敢干，又能够付诸行动的公民，就是在应用法定权利，抓住了机会，成为一个实实在在的动力源。即使"那些为我们痛恨的思想，同样自由"。独立思想的交流，智慧的迸发，出类拔萃地见解，孕育并涌现新的思想，多少闻所未闻的事物出现了，新的发明接踵而至，原本默默无闻的人才，脱颖而出了，发扬光大了。

自然科学的发展，现代技术的普遍使用，正是思想言论自由的充分展现。在机械设备的运作里面，有着各项物理学定律的应用，必要的客观条件具备了，就会有巨大的能量呈现出来。每个人现在再也无法脱离的互联网，把信息数据瞬间传遍世界，那更加是各种思想的传递，对各类信息有意识的普及。

信息的传递，思想的影响，精神的分享，自由地探索，这些都是现代人类发展的杰作。

认识自己，认知世界，潜移默化，水到渠成，于无声处听惊雷。这些有目共睹的变化，早已不再是单纯的天方夜谭，外来传说。

我国最大的潜能，并不仅仅在于物质财富堆积如山，成为了世界第二大经济体,而在于十多亿极积、主动的人,真正有了自主的行为,成为了公民,成为无限社会活力的来源。

那些接受现代科学技术教育,与国际市场紧密相联,经历着信息公开化,孕育着进行思考的人。在建设公民社会的进程里,他们运用科学思维方法,真正启迪了思维,放飞了心灵,放开了手脚,必将脱颖而出!

当今成长着每个人,开始主动去思索,去争取,去建设创新型经济。如果垄断舆论渠道,限制言论尺度,放着自家的巨大潜能不当一回事,不珍惜,不自信,不准思考,盲目地去与别国攀比,会真的有说服力吗?

真实的各类数据是客观存在的。为何到了具体地方或者部门,许多事就会扭曲统计口径,灌输那种被过滤的信息,被调整过的数据,弄得云山雾海,不明不白。规定是什么级别待遇,就被限定了解多少信息。

实事求是,公开信息,展开思想新天地,将成就各自精彩的生命!

真正做公民,自由地思想,

精神得解放,处处闪光芒!

思想的自由,要从获取真实的信息,从作为主体的每个公民那里,才能真正展开。

4. 遵守规则有自由

曾经的私民,全然没有自由,受到各种压抑,受到不公平的对待,即使物质条件有所改善,他们在封闭的"洞穴"里,在"窝里斗"的群体中,一味钻牛角尖,在内卷内斗里,老是在做着跟班。

在今天,每个人要尊重宪政立国,依法治理的规则,成为公民,获得自由,享有合法的政治权利,财产权利,公开发表所思所想,真正作为各项权益的主体，成为身心健康的个人。

我国走向公开信息，公平权益，公正监督的进程，必须形成完整的维护公民权益机制，遵守落到实处的宪政规则，创造机会，循序渐进，使每个人具有健全正常的心态，能够尊重法制，遵守规则，生活的明明白白，成为真实意义上的社会公民。由此，不再局限于低层次的徘徊，真正打开无限的上升空间。

这继往开来的大趋势就是，个人正在从被动跟随，转到积极主动状态。通过民主方式，行使权利，承担责任，努力扩展视野，自由发展，自主人生。积极参与当然好，勉为其难也得走，这是基本的发展趋势。

经济领域的开放，与国际市场融为一体了，那是与各国联成一片的开放环境。在市场经济的公海上航行，当然要讲究规范化操作。

时至今日，现代化以自由贸易市场体系为导向，通过标准化的技术操作，释放着强劲能量。那影响着千差万别的民族、国家、文化、宗教团体，亦吸收融和不同的文化元素，这一过程深刻持久，越来越势不可挡。

作为长时期封闭的国度，华人这最为庞大的民族，其群体的真正开放，不仅仅是一种迫切需求，更应成为深入持久的基本实践，推动着多个领域的转变。由观念的更新开始，弃除陈旧偏见，推动相互关系的实质性变化，促使各人自主的做出判断，采取积极的行动，解放身心，影响周围的人，焕发活力。

发展硬道理，人权是真理。

在高速运行的互联网链接里，各种意识，各种观念在交流交汇，什么是大家都接受的最大公约数？眼界有多么开阔，心胸有多么包容，就能够在开放的道路上走多远。在此过程里，人们相互促进，自觉自为，丰富着生活内容，提升生命的层次。

通过建立健全法律体系，保护各项合法活动，维护社会公平和正义，确实保障每位公民的合法权益。随着社会信用体系的完善，实施《物权法》，有可以操作的明确规则，保护合法财产权，每一个人，能够有尊严的自食其力，合理安排一生的经济事宜，意义深远，在稀释各式各样的无形束缚。

从散软无助的单个私民，逐步变身为自主自尊的公民，是正在发生的根本性变革，其普遍和持久，蕴含着不可遏制的爆发力。

如何学习古代大禹治水的疏导方法，将社会纷争，转化为社会参与，化解消极情绪，培育向前走的积极因素？

置身于急速变化时代，我们真正的着力点，就要促使所在的群体，由一味内卷化运作，转变到良性的内外交流，以健康向上的心态，真正融入那多元化，多变化的进程之中。

看过往，狐假虎威，幻觉成龙，封闭循环，上智下愚，深陷轮回。向前走，内外开放，自尊自信，人人焕发，启蒙自身，迈向明天。

5. 公民行天下

走向主动开放，必须大力推动群体的实质性开放，如何还每个人以生命的智慧，拥有直面真实的勇气。

这是走向公民社会的必然过程。

原先那向内运作状态，正在酝酿深刻变化，需要由外而内，又由内而外，相互激荡，相得益彰。

个人、群体、社会，都在做出方向性的选择。

我国加入世界贸易组织，扩大内外开放程度，努力成为国际社会里，正常和负责任的国家。按通行惯例，建立市场体系，完善运作机制，逐步形成着公开、公平、公正的良性竞争。

在国内，促进社会成员，形成独立人格，培育良知，具有社会责任感，真正成为公民，才能行走天下。通过理性思考，努力依法办事，充分调动积极性，展示自身的天性，在多元化的选择中，感恩美好，发挥自我，成就理想，将有益于社会，美化着生活。

认真做实事，比只会说空话重要的多。一个人的生命短短几十年，只有哪么一回，是一张单程船票。如此宝贵的光阴，不能虚耗，不可以纠缠于吹牛拍马，浪费于勾心斗角，徘徊于向内运作，仅仅满足那些较低层次的需求。

要以坦诚的心态，去了解世界各国、各个民族、各种宗教、各类国际组织的真实状况，吸收融合人类文明的精华，孕育并展开新的生机。

华夏有众多人才，充分的应变能力，关键在于努力开放，通过每一群体自身能量的合理释放，培育自治能力，相互促进，良性竞争，推进可持续发展。人多智慧多，取长补短，融会贯通，将排除万难，成事多多。

开放的群体，使每位公民机会平等，具有拓展的空间，又有相当密切的情感寄托，充分选择，极大发展，促进全方位文化交流，翻开悠久历史的新篇章。

青山遮不住，毕竟东流去。

天下大势，浩浩荡荡，顺之者昌！

何去何从，每个人，每个群体，正在抉择！

蚕宝宝靠自行咬穿茧壳，才能破蛹化蝶，从而获得全新的生命。

转型的目标明确了，将使每个人身心解放，得到真正的启蒙，在内外开放的群体里，能够以自觉的思考，自为的行动，自由的追寻，坚定走向公民社会。

www.ingramcontent.com/pod-product-compliance
Lightning Source LLC
Chambersburg PA
CBHW020541030426
42337CB00013B/928